Markus Walther

Espresso Prosa

Klein. Stark. (Manchmal) schwarz.

ACABUS | Verlag

Walther, Markus: EspressoProsa. Klein. Stark. (Manchmal) schwarz, Hamburg, ACABUS Verlag 2012

1. Auflage
ISBN: 978-3-86282-126-6

Dieses Buch ist auch als ebook erhältlich und kann über den Handel oder den Verlag bezogen werden.
PDF-ebook: ISBN 978-3-86282-127-3
ePub-ebook: ISBN 978-3-86282-128-0

Lektorat: Sophia Schmidt, ACABUS Verlag
Cover: © Petra Rudolf

Bibliografische Information der Deutschen Nationalbibliothek:
Die Deutsche Nationalbibliothek verzeichnet diese Publikation in der Deutschen Nationalbibliografie; detaillierte bibliografische Daten sind im Internet über http://dnb.d-nb.de abrufbar.

Der ACABUS Verlag ist ein Imprint der Diplomica Verlag GmbH, Hermannstal 119k, 22119 Hamburg.

http://www.acabus-verlag.de
Printed in Europe

Für Zoe, Felicia und Michi.
Ohne Kaffee läuft nix ...

Ein paar Worte vorab

Einen Espresso zu genießen, dazu braucht man nicht viel Zeit. Das reicht gerade, um vielleicht einen Blick auf die Straße zu werfen, um die Schlagzeilen auf dem Titelblatt der Tageszeitung zu überfliegen oder um der hübschen Kellnerin (bzw. dem knackigen Kellner) unauffällig nachzuschauen.

Stellen wir uns also vor, dass Sie gemütlich beim Italiener um die Ecke sitzen. Es bleiben Ihnen noch – sagen wir mal – zehn Minuten, bis Sie gleich aufstehen müssen, um am Tresen die Rechnung zu bezahlen. Das ist genug Zeit, um sich diese kleine Tasse aus scheinbar viel zu dickem Porzellan zu bestellen. Gefüllt ist sie mit dem köstlichen Schwarz.

Dazu wird vermutlich ein Glas Wasser serviert. Jetzt ist genau der Moment, in dem Sie eine Seite lesen könnten.

Lohnt das? Auf einer Seite kann doch nicht viel passieren ...

Sie werden überrascht sein, wie viel auf eine Seite passt: Ein Tag, ein Jahr, manchmal ein ganzes Leben oder auch nur ein Augenblick.

Auf den folgenden Seiten erwarten Sie sogenannte Kürzestgeschichten. Erzählungen, die, in sich abgeschlossen, ihren eigenen kleinen Mikrokosmos bilden.

Bevor ich Sie nun in andere Welten entführe, vom Menschen nebenan erzähle oder von Teufeln und Dämonen berichte, habe ich noch eine kleine Bitte:

Lesen Sie immer nur eine Geschichte und machen Sie dann etwas Pause. Nur so können sich die einzelnen Ereignisse wie ein gutes Kaffeearoma entfalten.

Viel Spaß beim Lesen
Ihr Markus Walther

Kaffee

Seine Aufforderung war eigentlich unmissverständlich: „Kommst du noch auf einen Kaffee mit hoch?"

Gaby gehörte nicht zu der Art Frau, die einem One-Night-Stand abgeneigt war. Sie war ein eingefleischter Single und liebte ihr ungezwungenes Leben ohne Verpflichtungen. Heute Nacht hatte sie Mike kennengelernt. Insgeheim hatte Gaby ihn als „annehmbar" katalogisiert. In ihrer ganz persönlichen Liste von möglichen Liebhabern nahm er daher einen eher mittelprächtigen Status ein.

Sein Charakter wirkte etwas zu arrogant, aber sein Prachtkörper war ja auch nicht zu verachten. Immerhin zeichnete sich durch sein enges Muskelshirt ein ansprechendes Sixpack ab. Schließlich wollte sie sich nicht mit ihm unterhalten.

„Warum nicht?", antwortete sie also und begleitete ihn in seine Penthousewohnung im vierzehnten Stock.

Die Wohnung mit den imposanten Designermöbeln war großartig und der Ausblick auf die Skyline der Stadt nahm sofort jeden Blick gefangen. Der Abend schien doch noch recht vielversprechend zu werden.

Gaby legte ihre leichte Sommerjacke ab und warf sie über die Lehne des Ledersessels. Sie fand es zwar etwas befremdlich, dass Mike sie sofort nahm, vorsichtig glatt strich und auf einen Bügel in der Garderobe neben der Tür hing, aber ein ordentlicher Mann konnte eigentlich keine falsche Wahl sein.

Sie selbst positionierte sich auf die Couch, zog ihre Pradas aus und legte die Beine in einer lasziven Pose übereinander. Sie wusste um ihre Reize, hatte sie sie doch stundenlang vor ihrem Spiegel erprobt. Welcher Mann konnte ihr schon widerstehen?

Etwas überrascht stellte sie fest, dass Mike sich nicht zu ihr gesellte. Er verschwand in der Küchenzeile neben der Hausbar. „Mein ganzer Stolz", erklärte er, als er auf eine Espresso-Maschine deutete, die in ihren Ausmaßen an einen kleineren Wandschrank erinnerte.

„Möchtest du einen Filterkaffee? Espresso? Kaffee Brasiliana? Mokka? Cappuccino? ... oder eine Latte?" Gaby dachte, dass er das letzte Angebot vielleicht anzüglich gemeint hatte. Aber die Ernsthaftigkeit, mit der er sich dem Automaten widmete, ließ sie daran zweifeln.

Auf einer kleinen Warmhalteplatte ruhten die verschiedensten Tassen und Gläser. In einem Wandhalter hingen spezielle Löffel und im Regal darüber waren Kaffeedosen angeordnet. Sorgsam beschriftete Etiketten waren darauf angebracht. Gaby hätte nie geahnt, dass es so viele Mischungen in einem Haushalt geben konnte.

„Kaffee ist etwas ganz besonderes", erklärte Mike. „Kaum zu glauben, was aus diesen kleinen weißen Blüten der Coffea alles werden kann."

Was sollte das denn jetzt werden?, durchfuhr es Gaby. Einen wissenschaftlichen Vortrag über Kaffee hatte sie heute Abend am allerwenigsten erwartet.

„Arabica und Robusta sind die am häufigsten verwendeten Sorten für gute Kaffeemischungen." Eifrig begannen seine Hände ein kleines Ritual. Die Finger flogen zum Schalter. Eine Handvoll Kaffeebohnen flog in einen durchsichtigen Behälter und wurde von einem automatischen Mahlwerk zu Pulver verarbeitet.

„Aber um einen vernünftigen Kaffee zu zaubern, braucht es noch einiges mehr. Weißt du, ich glaube, dass das Kaffeemachen eine kleine Kunst für sich ist. Beherrscht nicht jeder."

Gaby setzte sich etwas bequemer hin. Die Erotik durfte wohl erst einmal eine Pause einlegen.

„Mancher Kaffeeverbrecher scheint sein geheimes Kaffeerezept mit einer Prise Salz im Filter zu beenden, aber so was ist schon fast blasphemisch."

„So?"

„Das Kaffeewasser muss aufs Grad genau erwärmt sein. Und auch die Tassen dürfen nicht kalt sein. Wenn ich sehe, dass sich jemand Süßstoff in den Kaffee wirft, bekomme ich den puren Ekel. Brauner Zucker ist die richtige Wahl. Aber eigentlich mag ich's am liebsten ohne."

Gaby strich sich ihren Rock etwas tiefer und schlüpfte wieder in ihre Schuhe. Wie sie es am liebsten mochte, stand im Augenblick anscheinend nicht mehr zur Debatte. Sie blendete sein Gelaber aus ihrem Bewusstsein aus – so gut es eben ging. Leider verging die Zeit nicht so schnell wie ihre Stimmung.

„... französisch?" Seine Frage ließ sie hochschrecken.

„Wie bitte?"

„Kennst du Kaffee auf Französisch? Ich meine die Zubereitung."

Mike zeigte ihr einen Glasbehälter mit Metallhebel und einem eingelassenen Filtersieb.

Gaby musste es sich eingestehen: Der Abend war gelaufen. Mit dieser Schnarchnase würde sie heute nichts mehr anfangen.

Nun gut. Gleich würde sie aufstehen, ihre Jacke vom Bügel nehmen und die Reise mit dem Lift ins Parterre antreten. Doch vorher würde sie ihm auch den Abend versauen. Eine kleine Rache musste sein.

„Weißt du", sagte sie, „wenn du mir was richtig Leckeres machen möchtest, dann mach mir doch bitte einen Tee. Hast du vielleicht einen Earl Grey?"

Modifikation

Das Baby quäkte. Schon wieder. Noah verdrehte genervt die Augen. Eigentlich wollte er heute Abend die Hoverball-Meisterschaft anschauen. Es war wohl zuviel verlangt, dass er sich am Ende eines arbeitsreichen Tages in den Docks etwas Erholung im Wohnzimmer erhoffte.

„Liebes!" Er schaltete den Projektor ab. „Die Kleine schreit."

„Ich kann gerade nicht. Ich hydriere uns eine Pizza." Das war nicht die Reaktion, die sich Noah erhofft hatte. Miriam konnte doch nicht von ihm erwarten, dass er ...

„Kannst du dich mal um die Kleine kümmern? Sie hat bestimmt nur ihren Nucki verloren."

Na toll! Noah legte die Fernbedienung zur Seite und stampfte wütend die Treppe ins Kinderzimmer hinauf. „Mensch, Debby! Ich verpass den Anstoß", zischte er in Richtung des Kinderbettes. Als Antwort erhielt er markerschütterndes Weinen.

„Schon gut. Ich wollte dich nicht erschrecken." Sein Versuch, das Kind zu trösten, kam zu spät. Es war zum Verzweifeln. Teddy und Mobile blieben wirkungslos. Auch Grimassenschneiden und Schlafliedsingen half nicht. Selbst mit dem Trinkfläschchen konnte er das Plärren nicht abstellen. Einem Sturzbach gleich rannen die Tränen über Debby's gerötete Wangen.

Noah tat also das, was von jedem guten Vater in dieser Situation erwartet wurde: Während seine Frau im Wohnzimmer die Pizza aß, hatte er das Baby mit ins Schlafzimmer genommen. Dort lag er nun im Bett mit Debby auf dem Bauch, die zwar friedlich entschlummert war, doch bei jeder noch so kleinen Bewegung seinerseits, einer Drohung gleichkommend, schluchzte. Bloß nicht bewegen!

Das war die Nacht, in der Noah einen Entschluss fasste ...

„Du bist dir wirklich sicher, dass du dir ein Implantat setzen lassen willst?" Miriam schüttelte ungläubig den Kopf. Zum Frühstück hatte sie nicht mit solchen Neuigkeiten gerechnet.

„So ein medizinischer Eingriff ist heutzutage Routine, Liebes." Noah lächelte. „Heute Nachmittag bin ich schon wieder zu Hause. Ich brauche nicht mal einen Termin."

„Aber was mache ich so lange mit Debby? Ich muss doch gleich ins Büro."

„Kein Problem. Ich kann sie mitnehmen. In der Praxis gibt es eine Kinderbetreuung mit Krippe. Sie wird dort bestens aufgehoben sein."

Das Implantat war klasse! Noah lag im Bett und schloss die Augen. Das Rückspiel der Hover-Jetsons im Arenastadion erstrahlte auf der Innenseite seiner Lider. Dreidimensional.

„Schatz", rief Miriam, „das Baby schreit."

„Kein Problem", antwortete Noah vergnügt. Als er ins Kinderzimmer ging, hielt er ein Auge geschlossen. Keine Sekunde würde er von dem Spiel verpassen.

Debby schien andere Pläne für den Abend zu haben. Aus Leibeskräften gab sie ihr Geschrei zum Besten. Und wieder ignorierte sie sämtliche Beruhigungsversuche.

Doch Noah war darauf vorbereitet ...

Miriam durfte nie erfahren, dass das eingepflanzte Fernsehimplantat ihm nur als Alibi diente.

Vorsichtig schob Noah seine Hand in den Nacken, ertastete die kleine Narbe am Haaransatz des Kindes. Unter der Haut verborgen lag der winzige Schalter.

„Klick."

Aus.

Ruhe.

Spiegelzauber

Die Fensterläden klapperten im Wind. Peitschender Regen nässte die Mauern der Burg, die sich dunkel gegen das Gleißen der Blitze abzeichnete. Es war eine Nacht wie sie Magier lieben.

„Meister, ich kann Euch doch helfen!“, rief der Lehrling die Treppe hoch.

Doch sein Herr ignorierte ihn und schloss die schwere Eichentür hinter sich. Die ersten Formeln huschten mit einem Flüstern über seine Lippen.

Die Stimme des Lehrlings drang immer noch durch das Holz: „Aber Meister! So hört mich rufen. Lasst mich das für Euch tun. Es ist ganz einfach. Ich weiß, wie es geht.“

Nichts wusste dieser Jungspund. Und für eine neue Lektion hatte Justinus keine Zeit. Sein Zögling musste warten.

Denn Magie kommt nicht mit einem Fingerschnippen. Sie ruht nicht in den Knochen des Zauberers. Die Realität beeinflusst man nicht mit angeborenen Fähigkeiten. Es braucht dazu Wissen. Nicht mehr. Nicht weniger.

Justinus beherrschte die alten Kräfte, die den Dingen innewohnten. Er konnte den Elementen seinen Willen aufzwingen. Ohne glitzernden Stab oder spitzen Hut.

Eiligen Schrittes durchmaß er die Turmkammer bis er zu einem mannshohen Spiegel gelang.

„Wenn du Unerreichbares erreichen möchtest“, sprach er zu dem Gesicht hinter dem versilberten Glas, „so musst du Unvollbringbares vollbringen.“

Mit seinen knochigen Fingern tippte er an das Glas. Sein Abbild tat auf der anderen Seite das gleiche.

„Lass uns heute zaubern. Es ist an der Zeit, mein Leid zu lindern. Wir sollten uns sputen.“

Als sich Justinus vom Spiegel abwandte, schien sein Körper zu schrumpfen. Sein Rücken beugte sich leicht nach vorn und sein Kopf sank zwischen die Schultern.

„Ich bin gleich wieder da“, rief er noch, bevor er in einem begehbaren Schrank verschwand. Doch es war vergebens, denn sein Konterfei hatte längst die Geduld verloren und ebenfalls seinen Platz verlassen.

„Na, dann nicht“, sagte Justinus achselzuckend. „Aber den Weg hättest du dir sparen können.“

Ächzend und schnaubend kam Justinus nach einer Weile zurück. Er schob einen zweiten, ebenso großen Spiegel vor sich her. Mit einiger Mühe platzierte er ihn mit etwas Abstand genau vor den Ersten.

„So“, keuchte der Alte, „wollen wir doch mal sehen, wie viel Magie es benötigt ...“

Er trat zwischen die Spiegel. Sein Körper straffte sich, richtete sich zu seiner vollen Größe auf. „Abraxas!“, rief er. Und seine abertausend Reflexionen hinter dem Glas taten es ihm gleich, potenzierten sein Wort bis in die Unendlichkeit.

Justinus blickte an seinem Spiegelbild vorbei. Dahinter reflektierte das Spiegelbild des gegenüberliegenden Spiegels. So konnte er seinen eigenen Rücken sehen. Und eine Reflexion weiter stand er sich wieder von Angesicht zu Angesicht im Wege. Dieses Spiel setzte sich immer weiter fort. Ein nicht enden wollender Schacht tat sich in den Spiegelbildern auf – leicht gekrümmt, da er etwas seitlich hineinblicken musste.

„Ich muss mich sputen. Es drängt“, sagte er zu seinem Gegenüber. Es klang fast entschuldigend.

„Abraxas!“ Mit einem kraftvollen Hieb rammte er seine Faust in das Glas. Doch es prasselten keine Scherben zu Boden ...

... der Schacht blieb.

Seine Spiegelbilder traten zur Seite. Seine Hand streckte sich durch die Dimensionen.

Gewiss: Es war ein äußerst aufwändiger Zauber, der Justinus viel abverlangte. Doch sein Lohn war grenzenlos.

Denn nur wenige Augenblicke später durchdrang seine Hand den rückwärtigen Spiegel und berührte ihn zwischen den Schulterblättern.

Und er konnte sich endlich an der Stelle kratzen, an die er sonst nicht herankam.

Das Lexikon

Das Buchgeschäft am Ende der Straße hatte einen besonders guten Ruf. Reginald, der Inhaber des Ladens, war weit über die Stadtgrenzen dafür bekannt, dass er anscheinend alle guten Bücher inhaltlich kannte, sie auch anbot oder zumindest beschaffen konnte. Egal ob Roman, Sachbuch oder Biografie: Reginald wusste immer Bescheid.

Paul war einer seiner Stammkunden. Mindestens einmal die Woche schaute er vorbei, stöberte in den Auslagen und Verkaufsregalen oder diskutierte mit Reginald die neuesten Rezensionen in der Tagespresse.

„Hallo Reginald", sagte Paul, als er an einem Dezemberabend wieder einmal den Laden betrat.

„Grüß' dich, Paul." Reginald kramte gerade kopfüber in einer großen Holzkiste, die mitten im Laden stand. „Schön, dass du vorbeischaust. Ich habe gerade eine Warensendung bekommen. Sachbücher von einem neuen Verlag."

„Neuer Verlag?"

„Ausnahmsweise kenne ich nicht ein Stück des Verlagsprogramms. Aber die Buchtitel haben mich neugierig gemacht." Reginalds Kopf hob sich aus der Kiste und lächelnd blickte er Paul an. „Außerdem habe ich schon ein halbes Dutzend Vorbestellungen für einen Titel aus dem Sortiment. Scheint ein echter Geheimtipp zu sein. Ein Exemplar wird in der nächsten Viertelstunde abgeholt."

„Ein halbes Dutzend Vorbestellungen für ein Buch aus einem unbekannten Verlag?" Paul pfiff erstaunt. „Das nenne ich mal ein gutes Debüt. Neue Verlagshäuser sollen es doch so schwer haben."

Reginald langte in die Kiste und zog ein Buch heraus. Es war ein dickes Hardcover, eingeschweißt in Folie. Das Titelbild war sachlich schlicht. Es zeigte nur ein stilisiertes Herz auf dem die Silhouette einer Fledermaus zu erahnen war. Die Überschrift lautete: „Medizinisches Lexikon für Vampire"

„Wow", sagte Paul, „du bist dir wirklich sicher, dass dies ein Sachbuch ist?"

„Wir können ja mal reinschau'n. Ich wollte sowieso wissen, was ich da verkaufe."

Also setzten sie sich hinter den Kassenbereich, entfernten die Folie und schlugen das Inhaltsverzeichnis auf. Mit jedem Wort, mit jedem

Satz und mit jeder Zeile veränderte sich der Gesichtsausdruck der beiden Leser. Zunächst waren sie erstaunt, dann irritiert. Später amüsiert. Und zum Schluss vollkommen perplex. Sie lasen von Ratschlägen zu Knoblauch-Unverträglichkeiten, Behandlungsmöglichkeiten von Blutarmut, Sonnenallergien und ihren Folgen. Außerdem wurde ausgiebig die Versorgung bei Verletzungen durch Holzsplitter besprochen und Erste Hilfe bei fehlplazierten Pflöcken erklärt. Der Vermeidung von Silberschocks und der Verwendung von Nickelersatz hatte der Autor eine ebenso umfangreiche Abhandlung gewidmet, wie dem Thema Staublunge durch zu häufige Aschetransformation. Ein Kapitel speziell zu Fledermauskrankheiten durfte anscheinend auch nicht fehlen.

Der strenge, wissenschaftliche Ton verunsicherte Paul. Er legte das Lexikon zur Seite. „Das ist doch ein Scherz, ... oder?“

Reginald nickte langsam. „Ja, natürlich. Ich meine, das muss ein Scherz sein. Niemand kann ...“

In diesem Augenblick bimmelte das Glöckchen an der Tür. Ein kleiner Mann hatte den Raum betreten. Gekleidet in einen langen schwarzen Mantel stand er plötzlich vor dem Tresen.

„Ah“, sagte er, „endlif. Ich fehe das Buch ift eingetroffen. Meine Vorbeftellung, bitte. Jetzt kann ich endlif waf gegen meinen Überbiff tun.“

Der Kommandeur

Hauptmann Rech betrachtete das Schlachtfeld. Trümmer und Schmutz, Staub und Lehm, wohin das Auge blickte. Und es würde nicht lange dauern, bis der Feind wieder einfiele, um seinen Vernichtungsfeldzug fortzusetzen. Es gab kein Entrinnen.

Zahlenmäßig vollkommen unterlegen, musste er sich dringend eine Strategie einfallen lassen. Sonst würde er nicht nur eine Niederlage erleben. Es wäre ein Fiasko.

Dass er mit den Hacken schlug und entschlossen die Hände hinter dem Rücken zusammenlegte, war ein jahrelang antrainierter Reflex.

„Die Frage ist", intonierte er, „wie wir der Lage Herr werden?"

Keine Antwort abwartend, öffnete er den obersten Knopf seines olivgrünen Hemdes und krempelte anschließend die Ärmel hoch. Er musste ein gutes Beispiel geben, auch wenn es nicht seinem Stand in der Befehlsstruktur gerecht wurde.

„Nicht lange reden!" Er räusperte sich. „Anpacken."

Frau Rech lag mit ihrem Gipsbein auf dem Sofa und beobachtete ihren Mann, der ungelenk mit dem Wischmop im Eimer herumstocherte. Im Garten tobten die Kinder.

„Gut, mein Lieber. Bevor unsere Enkel wieder reinkommen, solltest du‘s geschafft haben. Und ... Ich weiß ja, dass du ein Verfechter runder Sachen bist; aber putze bitte auch gründlich in den Ecken."

Sternschnuppen

Es war eine jener milden Mainächte, in denen man sich in eine Decke gehüllt, gemütlich in einen Liegestuhl auf die Terrasse setzen konnte, um die Sterne zu betrachten. Janina rührte mit einem Strohhalm ihren Wodka-Lemon und lauschte dem Klingen der Eiswürfel.

„Ach Schatz! Was für ein prächtiges Szenario“, schwärmte Lukas, der im Stuhl neben ihr saß. „Heute kann man jeden kleinsten Klecks am Himmel erkennen.“

Janina zog die Stirn kraus. „Was meinst du denn mit Klecks?“

„Na, da oben.“ Mit einer weit ausschweifenden Handbewegung deutete er ins Irgendwo über sich.

„Du meinst die Sterne?“

Lukas antwortete nicht sofort. Auch er gönnte sich einen Schluck aus seinem Glas. Allerdings nicht so zaghaft. „Sieht doch aus wie hingesprattelt.“

„Hingesprattelt? Na, du hast ja merkwürdige Assoziationen“, sagte Janina.

„Und du hast keine Fantasie“, erwiderte Lukas. Er nahm noch einen Schluck. „Weiße Farbkleckse auf der schwarzen Leinwand des Weltalls.“

„Gesprattelte Kleckse auf schwarzer Leinwand“, äffte Janina ihn nach. „Du hast in letzter Zeit die falschen Bücher gelesen. Du solltest wirklich ...“

„Da!“ unterbrach sie Lukas. „Sternschnupfen!“

Kleine, leuchtende Striche huschten über das Firmament. Gerade so lange, dass das Auge sie wahrnehmen konnte.

Janina ignorierte das seltene Naturschauspiel. „Sternschnupfen? Hast du wirklich gerade Sternschnupfen gesagt?“

„Ja“, antwortete Lukas abwesend. Seine Sinne waren auf den Himmel gerichtet.

„Das heißt Sternschnuppen“, ereiferte sich Janina. „Meteore, die in der Atmosphäre verglühen.“

„Ist mir schnuppe.“ Das war weniger poetisch als seine vorangegangenen Äußerungen, aber ehrlich.

„Das Leuchten der Meteoriten entsteht weniger durch das Verglühen seiner Teilchen.“ Janina nahm auf der Bahn der Besserwisserei langsam Fahrt auf. Sein Desinteresse konnte sie nicht stoppen.

„Sie ziehen eine Plasmaspur hinter sich her, die mit der Atmosphäre reagiert."

Sie betrachtete ihr Glas. Dann seins. Sternschnupfen! Ihr Mann hatte einfach nur zu viel getrunken. Er vertrug halt nichts. Dennoch konnte sie sich ein Nachkarten nicht verkneifen. „Was soll das auch mit Schnupfen zu tun haben? Sekret ist wohl keines in der Luft."

Lukas schloss die Augen. Ob er sich was wünschte? „Natürlich, mein Schatz. Sternschnupfen gibt es nicht."

An einem anderen Ort.

Petrus zückte ein großes, rotgeblümtes Taschentuch und reichte es seinem Herrn. „Gesundheit."

Fußnote: Das Wort „Sternschnuppe" leitet sich tatsächlich vom niederdeutschen Schnuppen = Schnupfen ab. In der volkstümlichen Vorstellung niesten die Sterne.

Die Umschulung

Der Gnom Thrion saß in der Küche und stocherte lustlos in den Resten seines Fliegenpilzragouts. Seine Frau Henni stand an dem kleinen Spülbecken und schrubbte energisch Pfannen und Töpfe.

„Es ist halt alles nicht mehr wie früher", sagte der Gnom, „wenn ich die Wahl hätte, würde ich weiter im Wald arbeiten." Er schob den Teller fort und legte die Füße auf den Tisch. Dabei rülpste er herzhaft und beförderte auf diese Weise im hohen Bogen einige Essensreste aus seinem Mund.

„Ich muss was tun. Wenn ich hier drin bleibe, verblöde ich."

Henni schnaubte verdrießlich. „Ich weiß nicht, was an unserer Hütte so schlimm ist. Ich bin den ganzen Tag hier."

Thrion überlegte kurz, ob er darauf antworten sollte. Er besann sich dann aber eines Besseren. Nicht ohne Grund hatte sie das Nudelholz griffbereit neben die Tür gehängt.

Also zündete er sich still eine Pfeife an.

Als endlich kleine Rauchschwaden durch den Raum glitten, sagte er: „Mein Ausbilder ist ganz zufrieden mit mir. Gestern bin ich das erste Mal geflogen."

„Pah. Fliegende Gnome. Hat man so was schon gehört?" Sie schüttelte den Kopf. „Wenn dein Vater das wüsste."

„Man Vater ist toleranter als du denkst!"

Henni lachte herzlich. „Ja, als ein Befürworter der Emanzipation ist er allerorts bekannt."

Thrion stand auf. „Zynismus steht dir nicht." Mit einer beiläufigen Bewegung kratzte er sich im Schritt.

„Für den Job bist du so geeignet, wie ein Ei zum Nägeleinschlagen", sagte sie vorwurfsvoll.

„Ich hab' fliegen gelernt!" Sein Protest schien etwas halbherzig.

„Schau dich doch mal an. Das Einzige, was du kannst, ist rauchen, fressen und furzen. Du bist ein Gnom."

Es kam einer Aufforderung gleich: Thrion furzte.

„Ich bin lernfähig. Wenn ich erstmal meine Arbeitsklamotten habe, kommt der Rest von ganz allein."

Es klopfte. „Wer da?", keifte Henni.

„Ermes, der Waldbote", erklang dumpf eine Stimme von draußen.

Mit wenigen Schritten war Thrion an der Tür, entriss dem davor stehenden Mann das Paket und zupfte die Verschnürung auf, noch bevor der Riegel zurück ins Schloss fiel.

„Na, du hast es aber eilig“, kommentierte Henni. Sie ließ ihre Hausarbeit ruhen und schaute ihrem Gatten zu, wie er das Einschlagpapier zur Seite schob.

„Meine erste Uniform!“ Es schwang Stolz in seiner Stimme mit. Mehr als er beabsichtigte.

Seide, Tüll, Brokat und viele, sehr viele Pailletten. Außerdem waren da ein rosa Stringtanga und eine überaus pinkfarbene, aber trotzdem nicht blickdichte Strumpfhose.

Henni brummte etwas.

In seiner Euphorie konnte er sie nicht richtig verstehen. Der Stoff raschelte zu laut, als er ihn aus dem Paket hervorhob. „Was hast du gesagt?“

Widerwillig wiederholte sie ihren Satz: „Du solltest dir deine Beine rasieren, bevor du als Elfe in die Nacht entschwebst.“

Der Forscher

Charly setzte sich auf den grauen Stein, den der schneidende Wind freigelegt hatte. Es war der einzige dunkle Punkt in der weißen Landschaft. Das ewige Eis enthüllte nur selten seine Geheimnisse.

Über 150 Meter hoch hatte sich der Schnee aufgeschichtet und verbarg alles, was Charly finden wollte. Doch er hatte gutes Equipment. Dazu gehörte auch ein simpler Klappspaten, mit dem er es schaffte eine kleine Mulde in das Eis zu graben. Dann schnallte er seinen Rucksack ab, begann systematisch die Werkzeuge auszupacken und in der Mulde anzuordnen. In die Mitte steckte er einen Teleskopstab, an dessen Ende ein roter Wimpel flatterte. Würde eine heftige Windböe den Schnee über seine Sachen wehen, dann wusste er, wo er seine Werkzeuge suchen musste. So konnte er mit wenigen Handgriffen alles wiederfinden.

Zum Schluss installierte er den Pulsator. Dabei achtete er penibel darauf, dass er ihn mit Hilfe der Satellitenunterstützung korrekt ausrichtete. Einundfünfzigster Breitengrad, siebter Längengrad. Norden lag genau im Rücken des Gerätes. Charly rollte die Solarmatte aus und verband sie mit dem Akku des Pulsators. Es würde nun ein paar Minuten dauern, bis er den ersten Impuls in die Tiefe jagen könnte.

Um die Zeit nicht zu verschwenden, nahm er sich nochmals den kleinen Spaten und schaufelte einige Zentimeter tief den Stein frei. Die Naturgewalten hatten ihn glattgeschliffen. Und doch ... Wenn man ihn genau betrachtete, konnte man erkennen, dass er von Menschenhand bearbeitet worden war.

Ein kurzes Klicken und ein rot blinkendes Lämpchen machten Charly darauf aufmerksam, dass der Pulsator aufgeladen war. Die Eisschichten und Steinformationen hatten unterschiedliche Dichte und reflektierten das Signal des Pulsators verschieden stark. Charly drückte den Auslöser. Im Display erschien ein erstes dreidimensionales Bild von der Welt unter ihm.

Zehn Aufnahmen mit verschiedenen Einstellungen würden genügen, um eine wissenschaftliche Auswertung vornehmen zu können. Doch für den zweiten Impuls musste die Solarmatte erst wieder genug Tageslicht bündeln.

Es war albern, aber Charly nahm wieder den Spaten zur Hand und grub neben dem Stein. Inzwischen hatte er schon einen Meter geschafft. Obwohl er wusste, welche Form der Stein hatte, setzte er Spatenstich um Spatenstich seine Arbeit fort. Wenigstens würde ihm durch die Anstrengung die Kälte nicht so sehr zu schaffen machen.

Er grub den ganzen Nachmittag weiter und unterbrach seine Arbeit nur, um den Auslöser zu drücken.

Nach der letzten Aufnahme wusste er, dass er auch den Klappspaten wieder zusammenfalten musste. Es wurde Zeit, der Kälte zu entfliehen. Er hatte keine Ahnung, warum er überhaupt damit angefangen hatte, den Stein freizulegen. Es wäre ihm von vorneherein unmöglich gewesen, alles von Schnee und Eis zu befreien.

Aber als er seine Werkzeuge wieder sorgsam im Rucksack verstaut hatte und sich auf seinen Turbohover stellte, da warf er einen kurzen Blick auf sein Werk. Er hatte die obersten Blätter der Kreuzblume freigelegt.

Es war das Abschlussstück einer Turmspitze des Kölner Doms.

Zeitlos

Es war Donnerstag. Düstere Gewitterwolken schoben sich über die Stadt. Windböen zerrten an den Sonnenschirmen des nahen Cafés, vereinzelte schwere Tropfen klopften bereits auf die Scheiben der parkenden Autos. Alles in allem war dies kein Wetter für einen Spaziergang.

Henrik scherte sich nicht darum. Es war sein erster freier Tag seit Wochen. Der Notdienst als Elektriker hatte ihm selbst an den vergangenen Wochenenden viel Arbeit beschert. Heute musste sein Personal einfach mal ohne ihn klarkommen.

Ein Kuriositätenladen am unteren Ende der Straße hatte am letzten Montag seine Pforten geöffnet. Es war ein kleines Geschäft, mit einer rot-weiß gestreiften Markise und einem eigenwillig dekorierten Schaufenster. Henrik hatte keine Ahnung, warum ihn der Laden interessierte, doch er hatte sich fest vorgenommen, dort ein wenig zu stöbern.

Er trat ein. Muffig und schlecht beleuchtet präsentierte sich der Verkaufsraum. Henrik fragte sich, wie es möglich war, dass über allen Exponaten eine dünne Staubschicht lag, obwohl die Sachen erst seit drei Tagen in den Regalen lagen.

„Kann ich Ihnen weiterhelfen?“ Der Verkäufer passte nicht ganz in das Bild. Er war jung, freundlich und gut gekleidet. Henrik hatte eigentlich das absolute Gegenteil erwartet. „Schauen Sie nach etwas Bestimmtem oder stöbern Sie nur? Ich könnte Ihnen ein paar Raritäten aus dem Ersten Weltkrieg zeigen. Oder lieber Antiquitäten aus der Renaissance?“

„Radios.“

„Wie bitte?“

„Ich suche antiquierte Radios“, sagte Henrik.

Der Verkäufer legte seine überraschte Haltung sofort wieder ab. „Natürlich“, antwortete er, „wenn Sie mir bitte folgen würden …“

Als sie einen Nebenraum betraten, schnappte Henrik erstaunt nach Luft. An der gegenüberliegenden Wand standen ein halbes Dutzend Volksempfänger. Hochglänzend wirkten sie fabrikneu. Irgendwie wusste Henrik, dass dem nicht so war. Dazwischen hing ein Bilderrahmen. Henrik trat näher, um die Überschrift des darin befindlichen Dokuments zu lesen. „DRP-Patent Nr. 261 604 für die ‚Rückkopplung zur Erzeugung von Schwingungen', 1913", entzifferte er. „Ist das das Original?"

„Selbstverständlich", sagte der Verkäufer mit einem unverbindlichen Lächeln.

Die Wände links und rechts verschwanden hinter Regalschränken, die bis unter die Decke reichten. In ihren Fächern waren unzählige Radios aller Größen und Epochen aufgereiht.

Henriks Sammlerherz war geweckt. „Darf ich mich hier ein wenig umsehen?"

„Natürlich", sagte der Verkäufer. „Fühlen Sie sich wie Zuhause."

„Das werde ich", versicherte Henrik, der an seinen Hobbyraum im Keller dachte.

Schon bald hatte er die Zeit vergessen, bestaunte CB-Empfänger, Röhrenradios und Kofferradios, während der Verkäufer im Türrahmen stand und geduldig zusah. Da waren auch alte Wattmeter, Isolationsmesser, Wobbelfunktionsgeneratoren und andere Messgeräte aus vergangenen Zeiten. Die wunderbaren Holzgehäuse ließen ihn in Erinnerungen schwelgen.

Plötzlich hielt Henrik inne. Zwischen einigen billigen Ghettoblastern fand er einen kleinen silbernen Würfel. An der einen Seite befand sich ein roter Knopf, an der anderen Seite eine kleine Drehscheibe.

„Was ist das?", fragte Henrik und griff nach dem Würfel, der überraschend schwer in seiner Hand lag.

Der Verkäufer zuckte mit den Schultern. „Das ist ein Zeitstopper. Gehört eigentlich nicht hierher."

Henriks Zeigefinger glitt spielerisch über den kleinen Regler.

„Bitte seien Sie vorsichtig!", empfahl der Verkäufer. „Das Gerät ist kein Spielzeug." Dann machte er eine kurze Pause, bevor er langsam weitersprach. „Es war im Besitz eines unbedeutenden Magiers, der damit gerne mal die Zeit anhielt, um Verschwindezauber vorzugaukeln. Später durfte ich es ihm abkaufen. Leider war es zu diesem Zeitpunkt defekt.

Trotzdem fand sich dafür ein Abnehmer. Erst vorgestern habe ich es an einen Passanten verkauft, der tatsächlich in der Lage war, es zu reparieren. Aber ich vermute, dass er nicht zufrieden war, denn gestern kam ein alter Mann und hat mir den Zeitstopper in leicht modifizierter Form zurückgebracht. Ich hatte es kaum wieder im Verkaufsraum platziert, da hat es mir ein junger Herr abgekauft. Er wollte damit die Zeit ‚scrätschen'. Keine Ahnung, was er damit meinte. Aber wie die jungen Leute nun mal sind, hat er mir das Gerät heute wiedergebracht. Garantie und so. Jetzt ist es wieder kaputt."

Ungläubig hörte Henrik zu. Er fühlte sich nach Strich und Faden verarscht. „Diese Story soll ich Ihnen abkaufen?"

„Ich kann Ihnen den Hergang nicht beweisen, wenn Sie das meinen. Wie ich schon sagte: Der Zeitstopper ist kaputt. Ich habe keine Ahnung von elektrischen Geräten. Ich werde es wohl zum Schrott bringen müssen."

„Ich hab etwas Ahnung von Kabeln", untertrieb Henrik. „Soll ich mal einen Blick darauf werfen?"

Der Verkäufer strahlte. „Gerne. Aber seien Sie vorsichtig."

Henrik öffnete die Unterseite und betrachtete das Innenleben. Einige Platinen und Kabel. So etwas wie ein winziges mechanisches Uhrwerk und allerhand ... Zeugs.

„Da sind zwei Steckverbindungen lose", diagnostizierte Henrik nach einer Weile. Ein rotes und ein blaues Kabel und zwei nicht farblich gekennzeichnete Verbindungsstellen. Eigentlich hätte er zugeben müssen, dass er keinen blassen Schimmer von der Apparatur in seiner Hand hatte. Aber als Handwerker vermied er dieses Eingeständnis – wie immer.

„Es gibt nur zwei Möglichkeiten. Ich probiere zunächst die eine Polung und dann ..."

Henrik erstarrte in der Bewegung.

„Ich vermute", sagte der Verkäufer, „die andere Polung wäre die richtige gewesen." Er tippte Henrik vorsichtig an. Hart wie Fels. „Sie haben nicht die Zeit ihrer Umwelt gestoppt. Es ist ihre eigene Zeit, die angehalten wurde."

Der Verkäufer kratzte sich kurz am Kinn. Peinliche Sache.

Vielleicht konnte er sein neues Exponat unauffällig als Prospekthalter verwenden.

Der Wächter

Der große schwere Riegel des Stadttores ruhte fest in den eisernen Führungsschienen. Friedwart nahm seine Hellebarde in die Rechte und mit der Linken hob er die Laterne.

„Liebe Leute, lasst Euch sagen,
unsre Uhr hat zehn geschlagen.
Aaaalles ist guuut."

Seine Mitbürger durften sorglos schlafen. Niemand würde in dieser Nacht etwas Unrechtes tun. Hinter den festen Stadtmauern waren sie sicher.

Während seine Schritte ihn zum Südtor führten, kontrollierte er hin und wieder, ob die Türen abgesperrt und die Fensterläden verriegelt waren.

Es waren unsichere Zeiten, in denen er Wache halten musste. Vor den Mauern der Stadt lauerten die Strauchräuber und Wegelagerer. Es gab nichts Unvernünftigeres als in der Dunkelheit die Sicherheit der Stadt oder der Höfe zu verlassen.

Das hatte Friedwart immer beherzigt.

Das Südtor war sicher verschlossen.

„Liebe Leute, lasst Euch sagen,
unsre Uhr hat unlängst zehn geschlagen.
Aaaalles ist guuut."

Sein Sohn Albrecht war ganz anders. Um dem schlechten Stande eines Nachtwächtersohnes zu entfliehen, war er bereit viele Risiken auf sich zu nehmen. Nicht ohne Stolz hatte Friedwart erfahren, dass sein Sohn es am gestrigen Tage geschafft hatte, zum Laufjungen des Herzogs ernannt zu werden. Welch eine Auszeichnung!

Das Tor zum vorgelagerten Hafen war fest verschlossen.

„Liebe Leute, lasst Euch sagen,
unsre Uhr hat längst zehn geschlagen.
Aaaaalles ist guuut."

Der Herzog würde morgen in aller Frühe zum Schlachtfeld ziehen. Mit ihm seine Soldaten. Und Albrecht.

Friedwart hatte keine Ahnung wie es auf dem Schlachtfeld zugehen würde. Eine Belagerung des Feindes war nicht ausgeschlossen. Oder ein tagelanges Gemetzel. Allein der Weg in das andere Herzogtum würde zwei Tage dauern. Die einzige Aufgabe, die Albrecht während dieser Zeit hatte, war das Laufen. Als Bote war es das Seine, die Stadt über den Verlauf der Dinge zu unterrichten.

Das Osttor war offen. Davor brannten zahlreiche Lagerfeuer. Der Geruch von Pferdemist lag in der Luft.

Es waren einige Zelte aufgeschlagen. Hier sammelte sich das Heer.

„Liebe Leute, lasst Euch sagen,
unsre Uhr, die hat längst zehn geschlagen.
Aaaalles ist ...“ Ihm versagte kurz die Stimme.

„...guuut.“

Irgendwo zwischen den Soldaten lag nun Friedwarts Sohn, bereit, morgen seinem Herrn zu folgen.

Friedwart selbst würde zurückbleiben. Er würde, wie jede Nacht, auch in den kommenden Nächten die Stadtmauer entlang gehen, an jedem Tor inne halten, um seinen Singsang anzustimmen, aus tiefster Brust den Mitbürgern verkünden, dass alles gut sei. Sein Sohn würde zur gleichen Zeit durch die Wälder streifen. Allein.

Wenn die Uhr dann zehn schlug ... Friedwart dachte an die Gefahren des Weges.

Nichts war gut.

Symbolik

Nun sitze ich in diesem kleinen Hotelzimmer und schaue, nicht ohne ein gewisses Vergnügen, hinunter auf den Vorplatz. In der Auffahrt reihen sich die Autos aneinander, über den roten Teppich schreitet die Stadtprominenz und die Reporter stehen brav hinter den Seilen der Absperrung und fotografieren eifrig das banale Geschehen.

Ich habe es mir hier im vierzehnten Stock bequem gemacht und genieße die Ruhe. Gleich werden draußen die Festreden gehalten. Der Hotelmanager will nichts falsch machen. Gewissenhaft hat er sein Personal auf den großen Tag eingeschworen, den Bürgermeister eingeladen und selbst dem Pfaffen eine nicht unerhebliche Summe in den Klingelbeutel gesteckt. Bei so viel Großzügigkeit hat es sich der Priester nicht nehmen lassen, mit seiner ganzen Mannschaft anzurücken. Selbst der kleinste Messdiener steht dort unten.

In wenigen Minuten wird das rote Band zur Eröffnung mit dieser riesigen Schere durchtrennt. Dann werden sie durch die Etagen streifen, um alles zu besichtigen. Der Priester wird weihrauchschwenkend vorneweg marschieren und einen Segen nach dem anderen von sich geben.

Hier in meinem Stockwerk wird er auch vorbeigehen. Vielleicht wird er auch vor meiner Zimmertür stehenbleiben und versuchen, etwas Weihwasser gegen das Eichenholz zu sprenkeln. Herr im Himmel, wer weiß? Wird er dieses kleine Schild mit der Nummer 667 treffen?

Der Hotelier überlässt nichts dem Zufall. Alles, was einem guten Start im Wege stehen könnte, ist in seinen Augen ausgemerzt.

Aber ehrlich: Wenn nach dem zwölften Stock direkt der vierzehnte Stock kommt und wenn nach Zimmernummer 665 nur das Zimmer 667 zu finden ist ...

Glaubt dieser Ignorant denn wirklich, dass ich mich auf diese Weise bescheißen lasse?

Verlockung

Das ungeschriebene Gesetz, dass Märchen mit „Es war einmal ..." beginnen müssen, wurde schon seit vielen Jahren gebrochen. Man sprach auch nicht mehr von Märchen, denn das klang zu sehr nach Geschichten für kleine Kinder. Fantasy war das Schlagwort.

Ich muss es wissen, denn die Bücherregale in meinem Arbeitszimmer biegen sich unter dem Gewicht der Fantastischen Literatur.

Es war schon immer faszinierend für mich in diese rational nicht denkbaren Welten abzutauchen. Auch wenn mir bislang immer bewusst war, dass ich mich den Hirngespinsten anderer ergab. Ich muss ja nicht daran glauben, um mich daran zu ergötzen. Trotzdem wurde ich im Gespräch mit anderen oftmals als Träumer verschrien, wenn ich von meiner Leidenschaft für Elfen und Zwerge erzählte.

Heute Morgen bin ich bei einem meiner vielen Spaziergänge im Wald auf einen interessanten Felsblock gestoßen. Weitab vom Wanderweg fand ich ihn während eines Querfeldein-Marsches hinter einem kleinen Hügel.

Er war fast quadratisch und auf der moosbewachsenen Ostseite erkannte ich ein mir unbekanntes Schriftzeichen. Es war sehr kunstfertig in den Stein eingemeißelt. Wahrscheinlich bin ich durch meine Lektüre sehr sensibel für solche Interpretationen, aber ich konnte mir auf Anhieb gut vorstellen, dass dies eine Rune war.

Bald darauf fand ich, keine zwanzig Schritte entfernt, einen zweiten Felsblock, auf dem eine weitere Rune zu entziffern war. Etwas weiter hinten lag ein dritter. Augenscheinlich bildeten sie ein Dreieck mit drei gleich langen Seiten. Das konnte kein Zufall sein.

Als ich den dritten Fels untersuchte, stellte ich fest, dass ihn jemand umgestoßen hatte. Die Rune lag gut verborgen im Laub. Einem Impuls folgend, richtete ich den Stein wieder auf und fast augenblicklich geschah es: Drei purpurne Lichtbögen entsprangen aus dem Boden, die Steine bildeten ihre leuchtenden Sockel. In ihrer Mitte presste sich dichter Nebel aus dem toten Laub hervor und trübte die Sicht.

Jetzt sitze ich immer noch vor diesem Tor in eine andere Welt. Auf meinem Schoß liegt mein Notizbuch, in das ich diese Zeilen schreibe. Die stille Aufforderung der Runen durchdringt mich und fordert mich tief in meinem Innern beständig auf, endlich diesen Weg zu beschreiten.

Ich kenne die Geschichten, die mit „Es war einmal …“ beginnen. Die Gesetze des Märchens gebieten mir jetzt schon, was geschehen wird: Hinter dem Tor warten Gefährten auf mich, die ich im Augenblick noch nicht kenne. Eine Aufgabe wird mir gestellt werden. Gefahren lauern dort. Und Entbehrungen. Man wird mich quälen und versuchen mich umzubringen. Doch zum Schluss werde ich ein Held sein.

Gleich werde ich aufstehen und auf das Tor zuschreiten. Dann werde ich ein Stück nach rechts gehen und den dritten Stein wieder umstoßen. „Es war einmal …“ wird für mich weiterhin in Büchern stattfinden.

Ich habe keine Lust zu leiden.

Feindberührung

Von den Heidegewächsen, die einst hier wuchsen, waren nur noch die verdorrten Stümpfe zwischen den mannshohen Halmen verborgen. Gras so weit das Auge blicken konnte. Darüber lag dieses penetrante, alles durchdringende Zirpen der Heuschrecken.

Schütze Kevin hockte in einer Mulde und wartete auf seinen Transporter. Er hatte den Sammelpunkt vor über einer Stunde erreicht. Genau rechtzeitig. Doch weder seine sechs Kameraden, die mit ihm abgesprungen waren, um das Terrain zu sichern, noch das Abholkommando, waren seither eingetroffen. Das war kein gutes Zeichen.

Wenn er länger hier bliebe, dann würde er nur gutes Kanonenfutter abgeben, dachte sich Kevin. Es war an der Zeit, sich einen Plan zurechtzulegen.

Die Hitze war unerträglich und sein Schweiß brannte in seinem Gesicht.

Mit routinierter Hand schob Kevin das transparente Visier vor seine Augen. „Terrain“, befahl er. Der kleine Computer in seinem Kampfanzug projizierte eine dreidimensionale Karte der Gegend. Da war die Heide, der zerbombte Flughafen, die evakuierten Vorstädte und zwanzig Kilometer entfernt die Metropole. Die Radioaktivität war dort tödlich. Der Fluss hinter dem Flughafen war ein unüberwindbares Hindernis. Im Süden lauerten die befestigten Stellungen des Feindes. Also würde ihn der Weg nach Osten führen, in die Berge.

Zwei Tagesmärsche lagen somit vor ihm. Dann würde er eine Basis der Amerikaner erreichen. Besser als gar nichts.

Er wertete es als gutes Zeichen, dass ihm bislang keine feindlichen Soldaten begegnet waren. Wenn er die verminten Straßen mied, würde er sicher gut vorankommen.

Als Kevin sich erhob, erfasste ihn ein unangenehmes Schwindelgefühl. Das musste die Hitze sein. Wenigstens die Schutzhandschuhe seines Kampfanzugs wollte er ausziehen. Sorgsam verstaute er sie in einer seiner Beintaschen.

Das hohe Gras gab fürs Erste eine gute Tarnung ab. Trotzdem bewegte Kevin sich nur mit größter Vorsicht vorwärts. Mit seinen Händen schob er die Halme nur soweit auseinander, dass er hindurchschlüpfen konnte. Während die Heuschrecken aufstoben, um vor ihm zu flüchten, achtete er auf sein Display. Doch es wurden keine Wärmesignale anderer Soldaten erfasst. Kein Funkverkehr. Keine weiteren Geräusche. Der Computer meldete, was Kevin bereits ahnte: Er war allein.

Jetzt wurde ihm auch noch übel. Er schaffte es gerade noch den Helm abzunehmen, dann erbrach er sich. Als sich sein verkrampfter Magen mit einem letzten Würgen restlos entleert hatte, erkannte Kevin, dass er unbedingt aus der Sonne raus musste.

Die umliegenden Orte waren verwaist. Mit etwas Glück konnte er bis zur Nacht Unterschlupf in einem Haus suchen. Erst in der kühlen Dunkelheit wollte er seinen Weg fortsetzen.

Den Rest des Weges hatte Kevin seinen Helm nicht mehr aufgesetzt. Es kam ihm vor, als würde er in seiner Uniform langsam kochen. Bevor er die ersten Häuser erreichte, zog er auch den Rucksack und die Jacke aus. In diesem Augenblick waren ihm die Vorschriften egal. Der Schweiß rann ihm durch das Gesicht. Alles war nass. Alles juckte. Alles brannte.

Der Schmerz lag ihm in allen Poren und der Schwindel ließ ihn taumeln.

Mühsam schleppte er sich in die Kirche. Seine Ausrüstung warf er scheppernd vor den Altar. Drei Schritte weiter erreichte er das Taufbecken. Gierig schöpfte er das Wasser in sein Gesicht, um sich Kühlung zu verschaffen.

Dann hielt er inne. Etwas stimmte hier nicht. Panik wollte in ihm aufkeimen, doch er ermahnte sich, die Beherrschung nicht zu verlieren. Vorsichtig ließ er sich zu Boden gleiten, kroch zu seinem Rucksack zurück und zog sich möglichst lautlos seine abgelegten Ausrüstungsstücke wieder an.

Endlich saß der Helm wieder an seinem Platz und das Display vermittelte ihm die gleiche Botschaft, die es schon den ganzen Tag gemeldet hatte: Kein Mensch da! Es gab hier scheinbar keine Gefahr, vor der er sich fürchten musste.

Dennoch ließ sein Misstrauen nicht nach. Er vertraute seinem Instinkt mehr als dem Computer. In dieser Kirche passierte etwas. Hier drin war er nicht sicher.

Was war es? Verdammt, er konnte sich nicht richtig konzentrieren. Die Hitze hatte ihm anscheinend das Hirn verkocht. Und dieser Lärm!

Das unablässige Konzert der Heuschrecken, hundertfach verstärkt durch das Echo des Gemäuers, dröhnte in seinen Ohren.

Die Erkenntnis traf Kevin wie ein Faustschlag. Mit einigen gesprochenen Kommandos richtete er die Filter der Sensoren neu aus. Das Display zeigte nun kleine rote Punkte. Überall waren sie in der Kirche.

Es waren die Heuschrecken! Was hatten sie in einer Kirche verloren?

Kevin wollte aufstehen, doch seine Beine versagten ihm den Dienst. Zitternd strich er sich über die schmerzende Wange. Er fühlte sich so krank wie nie zuvor.

Diese verdammten Heuschrecken!

Eine landete sanft auf seinem Bauch. Das Insekt war unangenehm gelb und für die Region verblüffend groß. Er nahm es in den Focus seines Displays und flüsterte: „Vergrößern. Faktor zwei."

Augenblicklich sah er das Abbild des Insekts doppelt so groß auf dem Display. „Zehnfach." Er erkannte viele Einzelheiten, auch diesen Auswuchs am Hinterteil. Heuschrecken sahen doch anders aus.

„Vergrößern. Faktor zwanzig." Was war das für ein Tropfen, der da auf dem Auswuchs glänzte? Sonderte die Heuschrecke ein Sekret ab?

Auf dem Rückenstück des Auswuchses erkannte Kevin kleine schwarze Hautverfärbungen. Es waren kleine Striche, die einer sorgsamen Tätowierung gleich, parallel nebeneinander angeordnet waren.

„Ich bin im Arsch." Kevin wusste, dass er diesen Krieg verloren hatte. Längst hatten ihn Soldaten umzingelt. Er hatte sie nicht bemerkt, weil sie so klein waren. Mit ihren Melodien hatten sie ihn betäubt, während sie ihr Nervengift um ihn herum verteilten. Ohne Strategie und effektiver als jedes Minenfeld, hatten sie seine Kameraden getötet und das Terrain erobert. Kein Mensch konnte ihnen entkommen.

Heuschrecken. Gezüchtet als geheime Armee.

Dies alles wurde ihm klar, beim ersten Blick auf diesen winzig kleinen Strichcode.

Training

Das Gewicht schien erdrückend. Bleischwer lastete es auf Jakob. Bei jeder Bewegung musste er sich mehr anstrengen. „Du kannst es“, flüsterte er, um sich selbst Mut zuzusprechen. Er brauchte all seine Willenskraft.

Ja! Seine Muskeln spannten sich. Sein Körper leistete ein weiteres Mal seinen Dienst. Halten. Halten. Jetzt bloß nicht schlapp machen.

Und wieder entspannen. Zurück in die Ruheposition.

Jakob seufzte. Nein, eigentlich war es ein Stöhnen. Es nutzte nichts. Bewegung formt den Muskel. Der Erfolg musste erkämpft werden. „Überwinde deinen inneren Schweinehund!“

Tief durchatmend sammelte er sich wieder. Eine weitere Wiederholung. Gleich würde er es geschafft haben. Nur noch einmal und das Pensum für den Morgen wäre erreicht.

Er ignorierte den Lärm neben seinem rechten Ohr. „Konzentration“, ermahnte er sich.

Unter Aufbietung seiner letzten Kräfte hob er seine Augenlider. Geschafft.

Jetzt musste er noch den Wecker abschalten und irgendwie den Weg zur Espressomaschine bewältigen.

Ein paar Worte dazwischen

Der arme Kerl! Da krabbelt er auf dem Zahnfleisch in Richtung Küche ...

Es ist natürlich allgemein bekannt, dass Schlaf kein adäquater Ersatz für Koffein ist. Um am frühen Morgen dem Sandmännchen den Garaus zu machen, heiligt der Zweck den Espresso.

Somit ist es mir gelungen, das erste Kapitel mit Kaffee anzufangen und mit Espresso zu beenden. Niemand darf mir nachsagen, dass ich der Thematik nicht gerecht werde.

Nachdem wir also im Schnelldurchgang die Vergangenheit und die Zukunft bereist haben, dabei unter anderem dem Teufel und einem Zauberer begegnet sind und nebenbei selbst kleinsten Insekten unsere Aufmerksamkeit schenkten, kann ja eigentlich nicht mehr viel passieren.

Wie wäre es, wenn wir zunächst mit einem Schuss Milch weitermachen, um uns dann Gott und der Welt zu widmen?

Milch

Das Interview verlief bislang harmonisch. Manfred saß mit dem Reporter Josef F. Scheulen und Hermann Greuter auf seinem Balkon. Manfreds Frau wuselte hin und wieder vorbei, um Kaffee und Kuchen zu servieren. Der Stolz auf ihren Mann stand ihr dabei ins Gesicht geschrieben.

Immerhin sollte die Story auf das Titelblatt der Abendzeitung! Ein einfacher Rentner war der Held der Stunde. Manfred gestand sich ein, dass er die „fünf Minuten Ruhm", die ihm zuteil wurden, sehr genoss. Wer konnte schon von sich behaupten, einen bewusstlosen Trucker aus einem brennenden Tanklastzug herausgezogen zu haben?

„Wie ist der Unfall denn genau passiert?" Herr Scheulen zückte sein Diktiergerät und stellte es eingeschaltet auf den Tisch.

„Nun", begann Herr Greuter, „auf der A3 fuhr ich Richtung Frankfurt. Ich hatte gerade einen Stau hinter mir gelassen, in dem ich mindestens eine Stunde gestanden hatte. Irgendwie wollte ich wohl die Zeit wieder rausholen und ..."

„Sie sind zu schnell gefahren?", unterbrach der Journalist.

„N-nein." Der Mann lächelte entschuldigend. „Natürlich nicht." Im Hinblick auf die laufenden Ermittlungen war dies die einzig mögliche Antwort. Scheulen lächelte verständnisvoll, machte sich aber dennoch eine Notiz in sein Heft, welches auf seinem Schoß ruhte.

„Ein Wildschwein lief plötzlich auf die Fahrbahn", sagte Herr Greuter hastig. Damit wollte er wohl unangenehmen Fragen aus dem Weg gehen. „Vermutlich hätte ich draufhalten müssen. Aber aus einem Reflex heraus riss ich das Lenkrad herum."

„Stimmt", ergänzte Manfred. „Bei seinem Ausweichmanöver scherte der Anhänger aus und geriet ins Schlingern."

„Sie waren hinter dem Lastzug?", fragte Scheulen.

„Ja. Ich war auf dem Nachhauseweg vom Schützenverein."

„Die Masse des Trailers drückte mein Führerhaus von der Fahrbahn", sagte Greuter. „Ein schreckliches Gefühl, sage ich Ihnen, wenn das Führerhaus ausgehebelt wird. Das ganze Gespann – Zugmaschine und Anhänger – kippten und rutschten dann quer über die Fahrspuren und ..."

Manfred erklärte: „Ein Wunder, dass niemand in die Unglücksstelle hineingerast ist. Die nachfolgenden Wagen machten, ebenso wie ich, eine Vollbremsung. Entsetzt beobachtete ich dann, dass das Führerhaus Feuer fing."

„Bei mir gingen die Lichter aus." Greuter griff nach seiner Kaffeetasse und blickte seinen Retter an. „Und ich wäre wohl nicht mehr wach geworden, wenn Sie mich nicht herausgezogen hätten."

Manfred errötete. Seine Bescheidenheit überraschte ihn selbst, als er sagte: „Das hätte wohl jeder getan."

Der Reporter schüttelte den Kopf. „Das hätte nicht jeder getan. Es waren genug Unfallzeugen da. Nicht einer von denen hat versucht zu helfen."

„Das lag wohl daran, dass da ein havarierter Tankwagen lag, dessen Führerhaus brannte." Etwas Bitteres lag in Greuters Stimme. „Die Leute hatten zu viel Angst."

Manfred strahlte bei diesen Worten. „Tja", sagte er, als würde er gerade einen Trumpf ausspielen, „wer lesen kann, ist klar im Vorteil. Ich hatte keine Angst, mich dem Laster zu nähern." Er machte eine wissende Pause. „Schließlich stand in großen Buchstaben quer über den ganzen Anhänger das Wort ‚Milch'."

Der Reporter schwieg. Der Lastwagenfahrer schwieg ebenfalls. Hatte Manfred was Falsches gesagt?

„Ähm", sagte Herr Greuter etwas verlegen. „Ich soll Ihnen auch noch den Respekt meines Chefs kundtun. Es wäre für ihn nicht auszudenken, was passiert wäre, wenn sich das Benzin entflammt hätte. Er und meine Kollegen von der ‚Theodor Milch Mineralöl Transport GmbH' möchten Ihnen herzlich für meine Rettung aus höchster Gefahr danken."

„Welches Benzin?"

Maître

Es roch nach allen nur erdenklichen Zutaten in der Küche. Auf dem Herd stand ein riesiger Kochtopf, in dem es heiß brodelte.

Sechs Tage Zubereitungszeit waren bislang verstrichen. Kein Wunder, dass in der Küche das Chaos ausgebrochen schien.

Mit einem Löffel wurde die Suppe gründlich umgerührt. Der Mund des Kochs beugte sich behutsam vor, bis die Dampfschwaden über sein Gesicht streiften. Dann kostete er von seinem Werk. Es schmeckte nach Erde, Wasser, Feuer und Luft. Es schmeckte nach Materie, Raum und Zeit.

Zufrieden befand er mit einem Kopfnicken, dass es gut war.

Er wandte sich zum vorgeheizten Backofen. Mit routiniertem Griff öffnete er die Klappe und zog das Backblech hervor.

Auf einem Teller neben dem Kühlschrank hatte er vorhin eine Portion Lehm zubereitet. Mit liebevoller Hand streute er noch etwas Karma darüber. Dann legte er den Klumpen auf das Blech und rollte ihn mit dem Nudelholz aus. Mit den entsprechenden Förmchen stach er anschließend zwei seiner liebsten Figuren aus: ein Männlein und ein Weiblein.

Die Vorspeisen waren somit fast fertig. Ein Banause, wer darin bereits die Krönung des Menüs sah! Aber dem Hauptgericht würde er sich erst später zuwenden.

Es war nicht weiter schwer, seine Kritiker zu begeistern. Denn es hatte bislang niemand geschafft, eines seiner Rezepte annähernd schmackhaft nachzukochen.

Kein Wunder. Niemand kannte alle seine Zutaten.

Eines seiner geheimsten Ingredienzien kam nämlich immer ganz zum Schluss drauf: ein Hauch würzige Wirklichkeit.

Der Dämon

Die Dorfbewohner hatten sich vor dem Höhleneingang versammelt und warteten darauf, dass die Zeremonie begann. Der Hohepriester hatte einen Amboss davor aufstellen lassen. Wie ein Altar würde er den Mittelpunkt der Festlichkeiten bilden.

Joubert stand als Ehrenwache am Höhleneingang und hielt die Große Axt bereit. Seiner Aufgabe entsprechend, richtete er seinen Blick starr geradeaus.

„Was tust du da, mein Freund?", sprach eine leise Stimme hinter ihm.

„Ich darf heute dem Hohepriester dienen." Stolz schwang in seiner Stimme mit und er drückte seine Brust ein wenig heraus, bis sie seinen glänzend polierten Harnisch berührte. Auch wenn sein schmächtiger Körper dem in Metall eingeschlagenen Muskelbild so gar nicht entsprach: Er fühlte sich in diesem Augenblick stark, denn es war allein der Mythos, der ihn kräftigte.

„Das ist etwas Besonderes, nicht wahr?" Die Person hinter Joubert schien keine Ahnung zu haben, welch ein wichtiges Ereignis hier zelebriert wurde.

„Wir feiern heute die Große Axt."

Der Hohepriester trat vor die Menge und erhob die Arme. Augenblicklich verstummten die Anwesenden, und als der Geistliche einen monotonen Gesang anstimmte, folgten sie seinem Beispiel.

Auch Joubert wollte mitsingen. Doch hinter ihm sprach die Stimme wieder: „Sag, mein Freund, was hat es mit dieser Großen Axt auf sich?"

Nun war Joubert fast entsetzt. „Fremder, das weißt du nicht? Kommst du denn nicht von hier?"

„Nun, ich war lange nicht mehr hier. Sehr lange. Eure Gebräuche sind mir ... fremd geworden."

Joubert trat einen unauffälligen Schritt zurück, damit er dem Unbekannten besser berichten konnte. Er versuchte seinen erhabenen Gesichtsausdruck zu wahren, während er leise flüsternd berichtete: „Vor vielen Jahren lebte ein böser Dämon in unseren Bergen. Des Nachts fiel er manchmal über unser Dorf oder die angrenzenden Höfe her. Er fraß, einer Bestie gleich, die Kinder, schändete unsere Heiligtümer und tötete viele der Unsrigen zum reinen Vergnügen, wie es schien.

Kein Recke war ihm gewachsen, kein Gelehrter weise genug, uns erfolgreich gegen ihn zu führen. Wir lebten in Angst und Schrecken."

„Was ist geschehen, mein Freund, dass dem am heutigen Tage nicht mehr so ist?"

„Eines Tages erreichte ein grauer Mann unser Dorf. Sein kostbarer Umhang und sein langer Stab wiesen ihn als Kundigen der magischen Lehren aus. Er ließ sich von unserem Leid berichten. Und als unsere Ältesten ihn fragten, ob er vielleicht einen Weg aus unserer Not kennen würde, antwortete er, dass er das härteste Metall aus unserer Schmiede brauche. Außerdem sollten wir ihm die größten Edelsteine bringen und die besten Hölzer. Auch verlangte er nach unseren besten Handwerkern."

Der Hohepriester senkte die Arme und alle verstummten. Joubert hob die Große Axt und reckte sie dem Himmel entgegen. Dann reichte er dem Hohepriester die Waffe und Jubelrufe brandeten ihm entgegen. Als er an seinen Platz zurückschritt, versuchte er seinen Gesprächspartner zu finden. Doch vor der Höhle war niemand zu sehen.

Kaum hatte Joubert seinen Platz wieder eingenommen, sagte die Stimme: „Was geschah dann, mein Freund?"

„Der Graue wies die Handwerker an, diese Axt nach seinen Anweisungen zu schaffen. Viele Zaubersprüche soll er gesprochen haben. Er legte Banne über die Klinge und über das Holz des Stiels.

Die Schneide dieser Waffe würde jedes Höllenwesen, sei es körperlicher oder nur geistiger Art, besiegen."

„Berichte, mein Freund, hat euer Dorf den Dämon mit der Axt besiegt?"

Joubert lachte leise. „Nein, Unbekannter, der Dämon ahnte wohl, dass wir nun gegen ihn antreten wollten. Kaum war die Waffe in den Händen unseres besten Jägers, da ward die Bestie nicht mehr gesehen. Die Hirten berichteten uns aber, dass er seine Zuflucht in dieser Höhle gesucht hat."

„Mein Freund, das muss aber lange her sein."

Joubert nickte. „Drei Generationen sind gegangen. Zur Sommersonnenwende kommen wir aber jedes Jahr hierher, um den Dämon daran zu erinnern, dass wir die Macht haben, uns seiner zur erwehren."

„Jedes Jahr, mein Freund?"

Der Hohepriester schwang die Axt hoch über sich hinauf, richtete die Klinge dem Amboss entgegen und ließ sie in einer fließenden Bewegung niedersausen. Funken stoben auf und ein lautes metallenes Klirren, verstärkt durch das Echo der schwarzen Höhle, erklang.

„Hörst du das?"

„Ja, mein Freund. Es ist markerschütternd."

„So zeigen wir dem Bösen, wo sein Platz ist", sagte Joubert, „Soll es in der Höhle auf den Tag der Verdammnis warten. Wir haben die Macht!"

Wieder sauste die Axt nieder. Der Lärm, den die Waffe auslöste, erfüllte die Szenerie.

„Nun, mein Freund, sag mir, was glaubst du?" Die Stimme schien näher gekommen zu sein. Fast direkt hinter Jouberts Ohr schien sie zu sprechen. Fauliger Atem schien aus der Höhle zu dringen. „Drei Generationen lang, mein Freund? Ich habe mein Zeitgefühl etwas verloren, mein Freund, aber drei Generationen der Menschen! Das ist lang."

Jouberts Lächeln erstarb. Genau so leise wie die Stimme nun zu ihm sprach, formte sich in ihm eine Ahnung.

„Mein Freund, wie viele Schläge auf den Ambos, musste diese sagenhafte Klinge ertragen? Was glaubst du, mein Freund, ist sie noch scharf genug für den Dämon?"

Geschwindigkeitsrausch

Der neue Wagen lag wunderbar auf der Straße. Der Asphalt floss unter den breiten Reifen dahin. Endlich hatte Armin seinen Roadster. Tiefer gelegt und mit einem Auspuff wie ein Kanonenrohr ließ der Wagen über seine kraftvolle Potenz keinen Zweifel. Über den schwarzglänzenden Lack hatte er zwei breite weiße Streifen von Stoßstange zu Stoßstange kleben lassen. Es gab Dinge, die mussten einfach sein.

Dies war nicht so eine Proleten-Kiste, in der die Jungspunde durch die Gegend fuhren. Dies war auch kein einfacher Sportwagen – dies war ein Lebensgefühl.

Er legte den Zeigefinger auf die Lichthupe und zog auf die linke Fahrspur. Jetzt hatte er die Möglichkeiten, im Krieg auf Deutschlands Straßen einzugreifen. Armin würde seine Waffe nutzen. Es war an der Zeit, den anderen zu zeigen, wer der Herr der Straßen war. Mercedes und Audi waren gestern. Ob Manta oder Turbo-GTI, sie mussten sich nun mit ihm messen.

Der Wind blies ihm ins Gesicht, während Armin lässig seinen Arm auf die Tür legte. Er überlegte kurz und ließ sich dann zu einem kleinen Spaß hinreißen: Raus mit dem Mittelfinger. Einfach so und an alle gewidmet. So gehörte sich das!

Das Radio eingeschaltet und bis zum Anschlag aufgedreht, wummerten die Bässe und die Seitenspiegel vibrierten im Takt dazu. Dennoch durchdrang das Röhren des Motors den Lärm der Boxen. Ein famoses Gefühl. Nur so konnte man sich der Blicke der anderen sicher sein.

Niemand würde ihn jetzt aufhalten können.

Armin zog sich seinen Hut tiefer ins Gesicht und blickte seinen Hund an. „Was meinst du? Sollen wir es wagen?“ Ohne eine Antwort abzuwarten trat er die Kupplung.

Der Wackeldackel nickte beflissen, während Armin mit einiger Mühe in den dritten Gang schaltete.

Asche zu Asche

Die Bestattungsfeier im Venloer Krematorium war wie gewünscht sehr schlicht gehalten worden. Selbst auf die Musik, die sonst von dem CD-Spieler abgespielt wurde, hatte Erna verzichtet. Die Sache sollte schnell, unkompliziert und vor allem billig über die Bühne gehen.

Ihr Mann, Berthold, wurde in diesem einfachen Kiefernsarg über ein kleines Fließband in den Ofen geschoben. Erna und ein paar handverlesene Angehörige standen daneben und schauten zu. Sie hatten anstandshalber die Hände gefaltet und ihre Gesichter in gespielter Betroffenheit gesengt. Doch niemand machte sich die große Mühe, auch nur eine Träne hervorzupressen.

Jetzt, vier Wochen später, durfte sie die Asche abholen. Sie hatte angegeben, dass sie die Überreste ihres Gatten auf dem Krematoriumseigenen Streufeld verteilen wollte. Da sie jedoch niemand bei ihrem Tun beobachtete, war es ein Leichtes, die Urne in einen Schuhkarton zu entleeren.

Der Karton lag nun auf dem Beifahrersitz ihres alten Ford Taunus und musste ihre herablassenden und angewiderten Blicke ertragen.

„Das hättest du vermutlich nicht erwartet, du versoffenerUeckskerl", sagte sie, als sie ihren Heimweg antrat. „Schlussendlich habe ich dich doch überlebt. Dabei hattest du doch so sehr darauf gehofft, mich beerben zu können." Sie fuhr auf die Autobahn Richtung Duisburg. „Mein Geld gebe ich lieber für mich selbst aus, du alter Taugenichts.

Ich werde mir neue Leinwände kaufen. Und Farbe, Binder, Pigmente. Pinsel habe ich noch genug im Keller-Atelier. Und die Töpfchen und Gläser stehen noch auf dem Dachboden. Endlich kann ich wieder malen. Endlich darf ich wieder mein Geld mit Kunst verdienen."

Sie hatte es nie verstanden, warum Berthold ein Problem damit hatte, dass sie so eine erfolgreiche Malerin gewesen war. Der Neid war ihm bei jedem Scheck, den sie für ein verkauftes Bild nach Hause brachte, ins Gesicht geschrieben. Er, der mittellose Beamte, stand in ihrem Schatten.

Schließlich floh er in den Alkohol und in den Zorn. Vor einigen Jahren schließlich hatte er ihr verboten zu malen. Von nun an würde ein anderer Wind wehen. Ihr Geld, das ungenutzt auf einem Sparbuch geparkt war, würden sie fortan nicht mehr verwenden. Er wollte sie mit dem mickrigen Gehalt, das er verdiente, ernähren. Er wollte wieder der Herr im Hause sein.

Sie kannte seine Gewaltbereitschaft. Oft genug hatte sie im Laufe ihrer Ehe seine Fäuste zu spüren bekommen. Das Ehegelübde war ihr heilig und so hatte sie es mit ihm sechsundzwanzig Jahre lang ausgehalten und auch den sozialen Abstieg in Kauf genommen. Bis dass der Tod sie geschieden hatte. Jetzt war sie frei.

Sie zog auf die Überholspur. Flüchtig warf sie einen Blick auf den Karton. „Heute Abend", sagte sie, „wenn wir daheim sind, werde ich eines der alten Bilder überstreichen. Dann werde ich den Heizlüfter aufbauen. Wenn die Grundierung trocken ist, skizziere ich das Motiv mit Kohle auf." Erna trat das Gaspedal durch. Sie wollte möglichst bald mit der Arbeit anfangen. Sie schmunzelte bei der Vorstellung, wie sie das Bild an eine Galerie verkaufen würde. Das Bild würde sie vermutlich mit „Drecksack" betiteln.

„Vor dem ersten Pinselstrich werde ich die Farben vorbereiten. Bindemittel, Verdünner, Pigmente. Mit deiner Asche werde ich mir ein wundervolles Grau anmischen."

Frühlingserwachen

Es war März. Die Sonne strahlte vom Himmel und erweckte die Osterglocken und Primeln zu neuem Leben. Das saftige Grün der Wiese ließ keinen Zweifel daran, dass der Winter das Land verließ.

Die Luft war angefüllt mit betörenden Gerüchen. Sie konnten sicherlich bei so manchem Jüngling das Blut in Wallung bringen. Phillip hätte also damit rechnen müssen. Vielleicht nicht heute, an diesem wundervollen Morgen. Aber früher oder später wäre alles darauf hinausgelaufen.

Justin saß nun neben ihm. Seine Frage hing in der Luft. Doch Phillip blieb ihm die Antwort zunächst schuldig. Es ging um die natürlichste Sache der Welt, aber es hatten schon ganz andere Größen versucht, sich aus dieser Thematik herauszuwinden.

Jetzt war es an ihm. Der Kelch war nicht an ihm vorübergegangen.

Wenn er lange genug schwieg, würde der Heißsporn vielleicht vorher an einer anderen Frage gefallen finden. Eine kleine Ablenkung wäre jetzt nicht schlecht.

Doch das Schicksal meinte es nicht gut mit Phillip, denn Justin wiederholte seine Frage kurzerhand. „Wie ist das denn nun mit dem Sex?"

Phillip holte tief Luft, die ihm aber schnell mit einem tiefen Seufzer entfuhr. So wollte ihm sein Unterbewusstsein noch einige Gnadensekunden schenken.

Der Blick seines Schützlings bohrte sich spürbar und tief in seinen Rücken. „Ähm." Ja, das war ein guter Anfang. Er hatte die Initiative ergriffen, um sich der Situation zu stellen. Jetzt fehlten ihm nur noch die darauf folgenden Worte. Einfach weiterreden, ermahnte er sich. „Sex ... Das ist ein sehr wichtiges Thema."

So wichtig, dass ich im Augenblick gar nicht weiß, wo ich anfangen soll, dachte er.

„Es macht Spaß ... und hat mit Fortpflanzung zu tun", sagte er. Seine Gedanken waren im Augenblick zäh wie Sirup. Dennoch waren sie auch genauso wirr wie das Gewusel in einem Mückenschwarm.

„Siehst du: Alles Biologische wird geboren, lebt und wird einmal sterben. Und wenn es stirbt, dann müssen Nachkommen für den Fortbestand der Art sorgen. Das verstehst du doch?"

Justin nickte eifrig. Ansonsten schwieg er. Es gab also keine weiteren Ausflüchte. Er hatte konkret nach Sex gefragt. Mit Liebe brauchte Phillip jetzt also nicht zu kommen. Das wäre wahrscheinlich sonst auch noch komplizierter.

Einer plötzlichen Eingebung folgend, fragte er: „Haben deine Freunde schon mit dir darüber gesprochen?"

Kopfschüttelnd verneinte der Kleine. Mist! Wie konnte Phillip nur wieder aus der Nummer rauskommen?

Dann kam ihm die rettende Idee. „Weißt du was! Ich zeige es dir einfach."

Die pure Begeisterung glänzte in den Augen des Jungen. Jetzt war Phillip sein Held.

Nach einem kurzen Flug setzten sie zur Landung an, verschwanden in den Tiefen des Blütenkelchs eines Schneeglöckchens. Während sie sich genüsslich am Nektar labten, rieben sie ihre gelb-schwarzen Leiber an Stempel und Staubbeutel.

Ja! Das war leidenschaftlicher Sex!

Chaostheorie

Schmetterlinge. Daniel muss unablässig an Schmetterlinge denken. Er trägt den zwanzigsten Kanister in die Metallkabine und denkt dabei an Schmetterlinge.

Diese Irrlichter des Tages, die mit wirren Flugbahnen das Auge fesseln. Wann immer er eines dieser Insekten sieht, ist es um seine Konzentration geschehen.

Die Kabine ist nun voll bis unter die Decke, an der eine Neonröhre unstet flackert.

Mit einem kräftigen Ruck schließt er die Schiebetür, wartet, bis die Automatik verriegelt und versiegelt. Zischen. Stampfen. Er läuft zur Außenkonsole, stellt Zielort und Datum ein.

Endlich ist es an der Zeit, das Schicksal herauszufordern.

Die Maschine setzt sich in Gang, nur um kurz darauf wieder zu verstummen. Die Tür öffnet sich. Die Kabine ist leer. Es funktioniert! Niemand darf jetzt noch behaupten, dass er wahnsinnig ist.

Daniel wartet nicht eine weitere Sekunde. Schon greift er nach dem nächsten Kanister und zerrt ihn in die Kanzel. Jeder Liter zählt.

Mit Schmerzen im buckligen Rücken und Blut an den aufgerissenen Fingern geht er mit aller ihm innewohnenden Verbissenheit daran, seinen Plan umzusetzen.

Denn, obwohl er in seinem Leben immer alles richtig gemacht hatte, war es nun total verpfuscht. Die Frau ist ihm schon vor Jahren abgehauen. Die Kinder haben ihn ebenso verlassen. Sie haben nicht mal ihre Volljährigkeit abgewartet. Der Job, den er Tag für Tag über sich ergehen lässt, ist nichts weiter als eine Farce. Als Ingenieur der temporalen Forschung ist er für die Robotikabteilung vollkommen überqualifiziert. Seine Vorgesetzten schert dies nicht.

Die Gegend, in der er jetzt wohnt, vegetiert in asozialer Dekadenz. Selbst die Einbrecher sind sich zu fein, seine Wohnung zu besuchen. Seine Gesundheit ist die eines postapokalyptischen Quasimodo. Und sein Geist lässt ihn manchmal gegen Windmühlen kämpfen. Zumindest dann, wenn seine Gedanken nicht von Schmetterlingen gefangen waren.

Man sagt, dass der Flügelschlag eines Schmetterlings die Ereignisse der Welt verändern kann. Schmetterlinge beeinflussen das Chaos der Geschichte. Sie sind das Schicksal …

Die letzten zehn Kanister stapeln sich nun im Innern der Zeitmaschine. Daniel ist bereit. Er programmiert abermals die Konsole, schließt die Tür von innen. Seine Zeitreise geht zurück vor die Wendepunkte seines Lebens.

Als Außenstehender wird er dann einen Blick auf seinen vergangenen, glücklichen Alltag erhaschen. Damals, als alles noch in Ordnung war.

Dann wird er die Kanister öffnen, eine Atemschutzmaske anziehen und mit der Sprühflasche jedes einzelne dieser Mistviecher jagen und vernichten:

Sie werden sein Leben nicht mehr zerstören, diese verdammten Schmetterlinge!

Im Tarifdschungel

Die Fahrgäste der Linie Zwölf beobachten mit unauffälligem Interesse die kleine alltägliche Szene, die sich neben dem Fahrscheinautomaten anbahnte. Die Kölner Verkehrsbetriebe hatten in den letzten Wochen häufiger Kontrollen durchgeführt und vom Teenager bis zum Rentner wusste inzwischen fast jeder, dass es ratsam war, ein Ticket zu lösen.

Ebenso war bekannt, dass die Kontrolleure angewiesen worden waren, den Fahrgästen, die unentgeltlich den Service nutzten, keinerlei Kulanz entgegenzubringen.

Frau Nina Müller-Janzen war in ihrer Tätigkeit schon einiges gewohnt. Bevor sie ihren Ausweis zückte, sondierte sie in der Straßenbahn immer zunächst die Lage. Sie hatte ein feines Näschen für Schwarzfahrer entwickelt. Potenzielle Klientel erkannte sie sofort.

Dieses Mal war es ein Herr mittleren Alters. Er saß zwar völlig entspannt auf seinem Platz, aber die Nähe zum Automaten und seine steten Blicke zu den geöffneten Türen, mit denen er die Einsteigenden inspizierte, waren erste Anzeichen.

„Darf ich bitte mal Ihren Fahrschein sehen?"

Der Mann schien überrascht, griff aber in seine Tasche und zückte ein kleines Papier.

Sie betrachtete es. Staunte. Zweifelte.

Mit welcher Selbstverständlichkeit er ihr den Zettel gegeben hatte. Und das Logo der KVB war auch darauf. Gab es einen solchen Fahrschein?

Um alle Regeln, Tarife und Genehmigungen, Sonderfälle, Rabatte oder Zeit- und Regiozonen genau zu kennen, hatte Frau Nina Müller-Janzen lange lernen müssen. Es gab Kurse im Hauptgebäude der KVB, in denen explizit erklärt wurde, für wen die Fahrscheine im Gruppentarif galten. Es gab Fahrscheine für Kinder, Senioren, Kinderwagen, Fahrräder. Es gab Wochentickets, Monatstickets, Familientickets. Es gab Kurzstrecken. Es gab normale Strecken. Da waren außerdem Kurzstreckenzonen, Mehrfachzonen. Vielleicht waren da noch Über- und Unterzonen. Sie würde es bei der nächsten Schulung in Erfahrung bringen.

Der Entwerteraufdruck stimmte, auch wenn man die schwarze Stempelprägung kaum erkennen konnte. Nur die Farbe des Tickets blieb in ihren Augen eine Unmöglichkeit. Es konnte nicht sein, dass die Vorgesetzten am runden Tisch schon wieder einen neuen Tarif ins Leben gerufen hatten.

Sie war sich sicher, dass es keine „Schwarzfahrkarte“ gab.

Sie war sich *fast* sicher.

Zacharias im Waschsalon

Es ist kurz nach Mitternacht. Zacharias kauert nackt in der Ecke hinter der letzten Waschmaschine. Wie erniedrigend! Schon wieder ist er in den Waschsalon eingebrochen, um seine Sachen zu waschen. Niemand darf ihn sehen.

Der weiße Stoff schwimmt rotierend am Bullauge vorbei. Noch zwanzig Minuten, dann endet das Programm. Solange muss Zacharias in seinem Versteck ausharren. Warum ist das Schicksal so grausam zu ihm?

Gleich wird er sein nasses Bekleidungsstück herausziehen, um damit die Heißmangel zu füttern. Das alte Gerät braucht fünf Arbeitsgänge, bis der Stoff annähernd trocken ist.

Früher – lang war es her – ja früher, da hatte er sein Personal gehabt. Nie hat er Wäsche gewaschen. Doch das Schicksal hat ihn eingeholt und zwingt ihn nun, mit der neuen Situation zurechtzukommen. Dazu gehört es auch, die Waschmaschinen bedienen zu können.

Viertel vor Eins. Jetzt muss Zacharias sich aber sputen. Das Laken ist immer noch ein wenig klamm, als er es sich über den Kopf wirft. Er zieht die Gucklöcher noch schnell an die richtige Stelle.

Dann fliegt er durch das offene Fenster, den Berg hinauf, zurück zu seinem Spukschloss.

Walthers Tierleben

Terminten sind possierliche kleine Tierchen, die in turmartigen Lehmbauten leben. Die Weibchen, Termina genannt, arbeiten hauptsächlich im Bau und kümmern sich um Aufzucht und Pflege der Jungtiere.

Dabei reguliert sich der Bestand der Brut beinahe von selbst. Der laienhafte Beobachter könnte sogar dem Verdacht anheimfallen, dass es immer einige zu viel sind.

Will man dem männlichen Vertreter der Terminten, dem sogenannten Termin, in freier Wildbahn begegnen, so muss man weite Wege in Kauf nehmen. Um die Übersicht über alle Aktivitäten im Revier der Terminten zu bewahren, muss man von einem zum anderen hetzen. Dennoch erreicht man sie nicht immer rechtzeitig. Hat man sie verpasst, verschwinden sie scheinbar im Erdboden. Meistens wurden sie aber nur von einem Artgenossen verschoben.

Hauptsächlich ernähren sich Terminten von Papier und der darauf befindlichen Druckerschwärze oder Tinte. In der Mythologie gelten sie außerdem als aggressive Zeitfresser.

An den wuchtigen Körpern der Terminten kommt man nicht leicht vorbei. Ihre Körper sind blassrot und rot gekringelt. Acht Beine, ein mit Greifzangen versehener Kopf und lange, lange klebrige Tentakel geben den Terminten ein abschreckendes Aussehen. Nur besonders furchtlose Forscher wagen sich ohne spezielle Ausrüstung in ihre Nähe.

Mir hat sich – so am Rande bemerkt – gerade eben einer auf der Heimreise in den Weg gestellt. Deshalb, Schatz, musst du bitte, bitte Verständnis dafür haben, dass ich etwas später nach Hause gekommen bin.

Ist mein Essen auf der Warmhalteplatte?

Beutejagd

Das große Metalltor öffnete sich fast lautlos und gewährte einen ersten Ausblick hinaus in die Freiheit. Den kleinen zerschlissenen Koffer in der Hand, schritt Wienand in sein neues Leben. Er ließ die Wachtürme hinter sich. Die Blicke seiner Aufseher, seines Bewährungshelfers und seines Anwalts im Rücken, stieg er in ein Taxi. Heute würde er sein letztes Geld dem Taxameter spendieren. Am Ende seiner Fahrt hätten seine finanziellen Probleme für immer ein Ende.

Acht Jahre hatte er auf diesen Augenblick gewartet. Acht Jahre hatte er in der Justizvollzugsanstalt abgesessen. Acht Jahre über den Verbleib seiner Beute geschwiegen. Jetzt war es an der Zeit den Lohn seiner Geduld einzuholen.

„Fahren Sie mich nach Holz“, sagte Wienand.

„Wo iss'n das denn?“ Der Fahrer drehte sich misstrauisch um.

Wienand lächelte zufrieden. Holz kannte niemand. Ein Kuhkaff in der Nähe von Neuss. „Da, wo sich die Füchse gute Nacht sagen“, erklärte er. „Wir fahren erst mal auf die A3 Richtung Köln. Ich erklär' Ihnen den Weg, während wir fahren.“

„Ham' Se denn genug Geld für so eine Strecke? Das sind bestimmt zwei Stunden Fahrt.“ „Keine Bange“, sagte Wienand, „hier haben Sie für's Erste hundert Euro als Anzahlung. In Holz zahle ich noch was nach. Freuen Sie sich auf ein saftiges Trinkgeld.“

Der Taxifahrer schnaubte widerwillig. Aber er ersparte sich einen ungläubigen Kommentar und startete den Motor.

Wienand lehnte sich zurück, verschränkte die Arme hinter dem Kopf und träumte von seinem Leben als reicher, gemachter Mann. Vergessen war die Zeit der Entbehrung im Knast. Von nun an würde ihn niemand mehr über den Verbleib der Beute befragen, denn die Strafe war abgesessen. Die verschwundenen einhundertzwanzigtausend Euro, druckfrisch aus dem Geldtransporter zur Währungsumstellung, warteten unter dem Wellblechdach einer unbenutzten Garage. Auf seiner Flucht hatte er damals in Holz eine Rast eingelegt und zufällig dieses perfekte Versteck entdeckt. Hier würden die Fahnder nicht suchen, denn zu diesem Ort hatte er keinerlei Verbindung. Die Leute in diesem Ort wussten nichts über ihn und er wusste nichts über diese Leute.

Nach zwei Stunden geriet die Fahrt ins Stocken. In den acht Jahren schien Wienands Gedächtnis gelitten zu haben, denn nachdem sie von der Autobahn abgefahren waren, hatten sie sich mehrmals verfahren. Die Beschilderung an der Straße half ihm auch nicht weiter.

„Soll ich mal rechts ran fahr'n?" Der Fahrer wirkte genervt. „Da vorn steht ein Polizist, den wir mal fragen könnten."

Wienand verdrehte innerlich die Augen. Aber warum nicht? Er war frei, nicht auf der Flucht und tat im Augenblick nichts Ungesetzliches. „Okay. Fragen Sie ihn nach dem Weg."

Der Blinker klickte leise, das Taxi wurde langsamer. Die Scheibe glitt hinunter und der Kopf des Beamten beugte sich zur Beifahrerseite herein. „Kann ich Ihnen helfen?"

„Wo geht's denn hier nach Holz?"

„Sie meinen Neu-Holz", korrigierte der Polizist.

„Nö. Mein Fahrgast möchte nach Holz."

Der Polizist blickte auf die Rückbank. Wienand war blass und geriet aus einem alten Reflex heraus ins Schwitzen. Er schaffte es trotzdem ein etwas schiefes Grinsen aufzusetzen.

Nach kurzem Zögern erklärte der Polizist den Weg.

Holz erreichten sie dennoch nicht mehr. Ihre Fahrt endete an einem Schlagbaum, der die Straße versperrte. Einige Meter weiter war ein Bauzaun errichtet worden.

... und am Horizont drehte sich unermüdlich das Rad eines Schaufelradbaggers durch die Braunkohle der Region.

Neulich, am Styx

Der Fluss lag schwarz unter dem mondlosen Himmel. Die Fähre ruhte am kahlen, steinigen Ufer. Mathias betrachtete die Silhouette des Mannes, der ihm den Weg versperrte. „Ich bin bereit für die Überfahrt", sagte er munter.

„KANNST DU DEINEN TRANSFER BEZAHLEN?"

Die tonlose und dennoch gebieterische Stimme schreckte Mathias nicht. Es hätte ihn enttäuscht, wenn sie nicht so imposant gewesen wäre. Das breite Lächeln erwidernd, zog er die beiden Münzen hervor, die eben noch auf seinen Augen gelegen hatten. Mit einem unbedarften Schulterzucken legte er sie in die knöchrige Hand, die sich ihm entgegenstreckte. „Ich hab's passend."

Die Hand schloss sich, öffnete sich kurz darauf wieder. Die Münzen waren verschwunden.

„Toller Trick", kommentierte Mathias. „Du brauchst wohl auch keine Geldbörse mehr."

Matthias betrachtete kurz die eigene schlichte Kleidung und erlaubte sich ein amüsiertes Augenzwinkern: „Mein Hemd hat keine Taschen. Man kann also wirklich nichts mitnehmen."

Ein knappes Kopfschütteln war die Antwort.

„Du redest nicht viel, was?"

„ICH BIN LÄNGERE KONVERSATIONEN NICHT GEWOHNT."

„Na dann, wollen wir mal."

Mit vier großen Schritten erreichten sie das Fährschiff. Sein wortkarger Begleiter zog ein Ruder aus dem Uferschlamm und begann seine Arbeit.

Das Bug teilte die Fluten. Gischt wehte Mathias kalt ins Gesicht. Für ihn lag nun der Hauch des Abenteuers in der Luft. Stolz reckte er sein Kinn in den Wind, der ihm an den Haaren riss.

„EINE FRAGE."

Mathias blickte sich erstaunt um. „Ja?"

„ICH GESTEHE, DASS ICH ETWAS VERWIRRT BIN. ICH HABE SCHON VIELE PASSAGIERE ÜBER DAS WASSER GEBRACHT. ABER SELTEN HAT SICH JEMAND DEM LETZTEN, UNABÄNDERLICHEN WEG SO UNBEFANGEN GESTELLT."

Das kann ich mir vorstellen, dachte Mathias. Ich hätte vermutlich auch Angst, wenn mich Endgültigkeit empfinge.

Er verkniff sich eine Antwort. Es war vermutlich klüger, jetzt noch nicht zu verraten, dass er, bevor er starb, vorgesorgt hatte.

Ihm war egal, was ihn am anderen Ufer erwartete. Wenn es ihm dort nicht gefällt, so hatte Mathias beschlossen, würde er eine weitere Überfahrt buchen. Er konnte tatsächlich die Rückfahrt antreten! Zwei Münzen. Das war das Gesetz. Die Regel. Dann musste der Fährmann ihn übersetzen.

Das letzte Hemd hatte keine Taschen. Doch Mathias hatte das Geld, dass er benötigen würde, an einem anderem Ort versteckt.

Es war an einer Stelle, wo selbst der Fährmann nicht nachschauen wollte.

Dankbarkeiten

Ich will ehrlich sein: Normalerweise greife ich nach diesem Plastikteil mit langem Griff, wenn die kleinen Mistviecher über die Scheibe krabbeln. Eine Fliegenpatsche gehört auf dem Lande einfach in jeden Haushalt.

Aber manchmal bin ich auch gnädig. Weniger aus Mitleid. Mehr aus Langeweile. Dann sitze ich da, schaue aus dem Fenster um meinen Garten zu betrachten, bis mir eine Fliege in das Sichtfeld läuft.

Summ, summ, patsch. Immer wieder prallt sie gegen das Glas, nur um sich dann abzustoßen. Gleich darauf wiederholt sie ihr stupides Unterfangen, als ob sie mit ihren begrenzten Kräften die unsichtbare Barriere durchbrechen könnte.

Das Begriffsvermögen eines Insekts ist gering. Es sieht das Sonnenlicht, es sieht die Pflanzen. Doch der Unterschied zwischen dem „Drinnen" und dem „Draußen" bleibt verborgen.

Also warte ich, bis das Tier ermüdet eine Pause einlegt, greife behutsam an die Scheibe und fange es in meiner hohlen Hand. Mit der anderen Hand öffne ich die Terrassentür. Die kühle Luft empfängt uns. Ob die Fliege den Duft der Freiheit spürt? Erahnt sie ihre Rettung?

Ist eine Fliege dankbar?

Ich öffne die Hand, sie fliegt davon. Entkräftet landet sie auf einem Seerosenblatt im Gartenteich.

... und ich bin mir sicher, wirklich sicher, dass die Kröte dankbar ist.

Frauenlogik

Der Kaffeeklatsch der Damen rückte langsam näher. Gertrud lief geschäftig durch das Schlafzimmer. Alle Türen des großen Kleiderschranks waren geöffnet. Leere Bügel, ihrer Last entledigt, lagen verstreut auf dem Bett. Die Schuhe schienen der Kommode in alle Richtungen entlaufen zu sein.

Mit einem Kopfschütteln betrat Matthias das Zimmer. „Wann soll ich dich fahren?“

Gertrud hielt kurz inne, überlegte kurz, während sie im großen Wandspiegel nochmals ihr Erscheinungsbild prüfte. Mit einem hektischen, aber sorgsamen Zupfen richtete sie ihre Bluse. Dann zog sie ihren Rock wieder ein Stückchen höher. „Ich denke, dass ich in fünf Minuten fertig bin. Ich muss mich nur noch schnell schminken.“

Matthias blickte auf seine Armbanduhr. Blitzschnell rechnete er Gertruds Zeitrechnung in Realzeit um. Es würde wohl reichen, um noch ein paar Seiten der Zeitung zu lesen. Schminken dauerte grundsätzlich länger als geplant.

„Ich warte im Wohnzimmer auf dich“, sagte er.

„Warte mal.“ Sie wandte sich ihm zu.

Also doch! Matthias hatte schon gehofft, dass er diesem Moment wenigstens heute mal entkommen konnte. Er wusste, was ihn nun erwartete. Wie jedes Mal konnte er nur die falschen Antworten geben. Schlicht aus dem Grund, weil es keine richtigen Antworten gab.

„Wie sehe ich aus?“

Vorbereitet auf die erste Frage, antwortete Matthias pflichtbewusst: „Perfekt, mein Schatz.“

Natürlich war sie mit der Antwort nicht zu frieden. „Das sagst du nur so. Sag’s ehrlich.“

Jetzt wartete Matthias – wie er es in solchen Situationen immer tat –, schenkte seiner Frau einen eingehenderen Blick und sagte wieder: „Perfekt. Du wirst die hübscheste Frau in der Runde sein.“

„Aber ich bin alt geworden.“

Das war eine Feststellung, der Matthias eigentlich nicht widersprechen konnte. Trotzdem reagierte er richtig. „Schatz, wir sind reifer geworden. Und du wirst von Tag zu Tag schöner.“

Jetzt würde er nur noch der letzten Frage standhalten müssen. Doch zu seiner Überraschung fragte sie ihn nicht, ob sie zu dick sei. Stattdessen lächelte sie ihn gut gelaunt an und drückte ihm sogar einen Kuss auf die Wange. Dann zog sie noch mal ihren Rock an die richtige Stelle.

„Dieser verdammte Fetzen", klagte sie. „Ich werde ihn heute Abend andauernd …"

Sie ging an ihm vorbei ins Bad. Mit einer Hand hielt sie den oberen Saum des Rocks fest.

Doch als sie nach dem Schminktäschchen griff, rutschte der Rock wieder langsam tiefer. „Verdammt", fluchte sie. Pragmatisch wie er war, konnte Matthias nicht anders, als seine Frau auf das Offensichtliche aufmerksam zu machen. „Liebes? Warum ziehst du nicht einen anderen Rock an?"

„Auf keinen Fall." Es klang fast schon biestig, hatte aber auch diesen gewissen Unterton. War es Triumph?

„Dieser Rock ist schön!"

„Mag sein", sagte Matthias vorsichtig, „aber er ist dir mindestens zwei Nummern zu groß. Zieh doch wenigstens einen Gürtel an."

Gertrud strahlte ihn an. „Ja. Er ist mir zwei Nummern zu groß. Aber beim letzten Treffen hat er mir gerade noch gepasst. Wenn er rutscht, sieht jeder gleich, wie viel ich abgenommen habe.

… Die anderen werden vor Neid platzen."

Noch ein paar Worte dazwischen

Will man(n) die Logik einer Frau ergründen, befindet man sich schnell auf dem Niveau des Kaffeesatzlesens. Und die Meinung eines Ehegatten interessiert eigentlich nicht die Bohne, wenn es um die Beurteilung durch andere Kaffeetanten geht. Nun ... eigentlich nicht nur dann.

Bevor wir uns also nun dem Purgatorium zuwenden, dem Sinn unseres Daseins ergründen und einem weltberühmten Erfinder begegnen, bleiben wir zunächst erst mal im heimischen Wohnzimmer. Denn es sind die alltäglichen kleinen liebevollen Gemeinheiten, die uns Herzklopfen bereiten.

Manchmal ohne Koffein. Aber dafür mit viel Zucker.

Zucker

Die Kinder auf dem Teppich vor dem Fernseher balgten sich um die Fernbedienung. Noch ließen sich die Knuffe und Hiebe als Spaß betrachten.

„Bist du dir sicher, dass du die Kiddies bewältigt kriegst?“ Insgeheim genoss Mia diese Frage. Sie wusste bereits die Antwort, bevor Ralf antwortete.

„Klar.“ Und, um nochmals nachzulegen, fügte er mit einem Lächeln hinzu: „Vier Kinder machen keine Arbeit.“

Man beachte die Feinheiten, dachte Mia. Schließlich gehörte neben dem bisschen Haushalt das Kinderhüten normalerweise zu ihren Aufgaben. Die sechs- bis zwölfjährigen Raufbolde und Zicken betrachtete er als Hobby, das ihn nach Feierabend ein wenig bespaßte.

„Schau zu, dass du sie pünktlich ins Bett bekommst. Sonst sind sie morgen total anstrengend. Unausgeschlafen können sie einem den Sonntag zur Hölle machen.“

„Geh' du mal schön zu deiner Schwester. Macht euch einen gemütlichen Abend und trinkt einen Cocktail für mich mit“, sagte Ralf. Er ging in die Küche, öffnete den Kühlschrank und prüfte seine Bierbestände. Zufrieden nickte er. Sein Abend als Kindersitter schien gerettet.

Dann fiel sein Blick auf die große Schüssel im untersten Fach. „Was ist da drin?“

„Kinderbowle.“

„Sieht ziemlich ... ekelig aus“, kommentierte Ralf.

Mia lächelte zufrieden. Ihr Mann würde diese Brühe nicht anrühren. „Milch, Erdbeeren, Bananensaft, Kakao, Zimt, viel Zucker“, zählte sie auf.

Ralf steckte den Finger rein, rührte damit in der Flüssigkeit. Wollte er tatsächlich davon probieren?

„Und das schmeckt?“, fragte er unentschlossen.

„Ich sagte doch: Vieeeel Zucker.“

Süßes gehörte nicht zu seinem Speiseplan. Er zog die Hand zurück und wischte sie sich an dem Küchenhandtuch ab. Dann schlenderte er zurück ins Wohnzimmer. Eine Flasche Bier hatte sich ihm unauffällig aufgedrängt. Die galt es nun zu öffnen ...

Mia betrachtete den Fleck auf dem Handtuch und wechselte es gegen ein frisches aus. Männer! Der Haushalt würde wirklich fast keine Arbeit machen, wenn er nicht jedes Mal eine Spur der Verwüstung hinter sich ließe.

„Kinder! Es gibt Kinderbowle!“ In zehn Minuten durfte sie ihr alltägliches Schlachtfeld verlassen. Eine Übernachtung bei ihrer Schwester käme einem Kurzurlaub gleich.

Heute sollte Ralf beweisen, dass die Kinder keine Arbeit sind.

Heute sollte Ralf beweisen, dass er es schafft, die Kinder pünktlich ins Bett zu bringen.

Kein Problem, wie er immer betonte, schließlich gelang ihr das ja auch tagtäglich.

Mit einem Lächeln füllte sie vier Becher mit der Bowle. Im Geiste ging sie nochmals das Rezept durch: Milch, Erdbeeren, Bananensaft, Kakao, Zimt. Und vieeel Zucker, der den Geschmack der geheimen Zutat übertünchte: Extrastarker Kaffee.

Vorhölle

Auf den ersten Blick wirkten die Stühle gar nicht unbequem. Allerdings wenn man eine Zeitlang darauf saß, schmerzten Po und Rücken von dem harten, unnachgiebigen Holz.

Silvio korrigierte zum vielleicht hundertsten Male seine Sitzhaltung und seufzte dabei schwer.

„Ich habe es mir anders vorgestellt", sagte sein Nachbar. Auch er hatte einen Platz in der Holzklasse angeboten bekommen. Genauso wie die unzähligen anderen, die mit ihm in diesem dunklen Korridor warteten. „Gestatten? Mein Name ist Hellmut. Hellmut Trines."

Silvio reichte ihm die Hand. „Silvio Patterson. Dr. med. Patterson."

„Angenehm", sagte Hellmut. „Weshalb sind Sie hier?"

„Tod. Ich habe meinen dritten Herzinfarkt nicht überlebt."

„Tod?" Hellmut lachte freudlos. „Sind wir das nicht alle?" Er machte eine kurze Pause. „Aber drei Herzinfarkte. Hölle! Das ist schon eine stramme Leistung."

Schulterzuckend fragte sich Silvio, ob man da wirklich von Leistung sprechen konnte.

„Also", wiederholte Hellmut, „weshalb sind Sie hier?"

„Keine Ahnung."

„Kommen Sie. Das kann nicht sein. Sie müssen doch was ausgefressen haben. Keiner wird grundlos in den Vorhof der Hölle gesetzt. Nehmen Sie mich zum Beispiel: Steuerhinterziehung, schwerer Betrug, Erpressung, Bestechung und alles, was man als Bonze sonst noch so auf dem Kerbholz haben kann. Mir gehörte ein großes Entsorgungsunternehmen. Da muss man bereit sein, sich die Hände schmutzig zu machen. Das Gewerbe ist hart umkämpft. Und ich war einer der Gewinner."

Hellmut hatte etwas lauter gesprochen. Einige der anderen Anwesenden blickten auf und folgten nun ihrem Gespräch.

„Ich weiß wirklich nicht, was ich Schlimmes verbrochen habe, dass ich hier auf meine Bestrafung warten muss." In Silvios Stimme schwang leises Verzweifeln mit.

Die Tür am Ende des Ganges öffnete sich und eine Frauenstimme ertönte. „Frau Carlotta Hanser, bitte."

Zwei Frauen erhoben sich. Der Name schien doppelt vergeben. „Die Vegetarierin, die vor ihrem Tod als Stalkerin tätig war, bitte."

Die genauere Beschreibung schien ausreichend, denn die eine setzte sich wieder, während die andere mit bleichem Gesicht durch die geöffnete Tür ging.

Hellmut schien erstaunt. „Ist ein vegetarischer Lebenswandel eine Sünde, für die man büßen muss?"

„Ich kenne die hiesigen Maßstäbe nicht", antwortete Silvio. „Welcher Art sind denn hier die Strafen?"

„Das ist ganz individuell. Manche werden einfach nur gefoltert. Streckbank, brennendes Pech, gefräßige Ameisen und so. Es soll auch schon mal mit Federn gekitzelt worden sein. Aber von höchster Stelle ist das inzwischen verboten worden.

Aber körperliche Züchtigung ist hier nur eine der vielen Maßnahmen. Es sollen sogar schon arme Seelen mit Technomusik gefoltert worden sein. Brutal!"

„Klingt für mich nicht schlimm", sagte Silvio. Dafür erntete er ein paar geringschätzende Blicke.

„Wie dem auch sei", nahm Hellmut den Faden wieder auf, „in dem Büro vor uns werden die Jobs verteilt. Hier wird mit Arbeit gefoltert."

„Arbeit?"

„Klar. Der Schuppen hier unten muss schließlich auch am Laufen gehalten werden."

Die Tür öffnete sich wieder. Die Frau kam schluchzend heraus. Ihre dünne Gestalt schien noch mehr an Substanz verloren zu haben. „Ich muss in Teufels Küche! In die Fleischerei."

Hellmut blickte ihr nach, während sie weinend zum angrenzenden Treppenhaus ging. „Da muss sie nur zwei Etagen tiefer gehen", stellte er fest.

In Silvio wuchs etwas Misstrauen. „Du kennst dich hier schon verdammt gut aus."

„Verdammt gut! Sakrament. Ja. Ich bin ja auch nicht erst seit ein paar Tagen hier. Meinen ersten Job habe ich bereits hinter mir. Du glaubst nicht, wie viel Scheiße in der Hölle zusammenkommt. Mir stand die Kacke bis zum Hals." Hellmut würgte kurz, schien sich aber beherrschen zu können. Er rang sich ein Lächeln ab. „Aber ich habe es geschafft. Die Latrine ist ausgeschaufelt. Für's Erste."

Ein junger Mann schlenderte dümmlich grinsend an ihnen vorbei, klopfte an der Tür der Arbeitsvermittlung und trat ohne zu warten ein.

„He, Unverschämtheit", protestierte jemand.

„Ein Vordrängler?" Silvio konnte sich nicht vorstellen, warum hier jemand bevorzugt behandelt werden konnte.

„Der hat wohl seine Seele schon zu Lebzeiten verkauft. Wenn man sowieso hier unten landet, ist das natürlich eine sinnvolle Option." Hellmut überlegte kurz. „Wird hier bestimmt gerne gesehen."

Schon kam der junge Mann wieder raus. Er trug vor sich ein kleines Mischpult und unter dem Arm klemmte ein billiges Keyboard.

Eine Frau unter den Wartenden zischte verächtlich: „Ein Günstling des Bösen."

Der Mann nickte und sagte schelmisch: „Ich werde dich erwarten."

Dann kam der nächste Aufruf. „Hellmut Trines, bitte."

„Dann bin ich wohl dran." Mit steifen Knochen erhob sich Hellmut. „Wünschen Sie mir Glück." Er streckte Silvio seine Hand entgegen. Fast hätte Silvio eingeschlagen, besann sich jedoch beim Anblick der braunfleckigen Haut seines Gegenübers eines Besseren. Stattdessen winkte er kurz.

Als sich die Tür hinter Hellmut schloss, blieb Silvio mit seiner Angst und den vielen, vielen anderen Sündern zurück. Welches Vergehen wurde ihm angelastet? Wie lange musste er dafür büßen? Welche Strafe mochte ihn erwarten?

Ein Schrei riss ihn aus seinen Gedanken. Hellmuts Stimme drang durch die Wand. Man konnte jedes Wort der dröhnenden Stimme verstehen. „Sie ist wieder voll? Voll bis zum Rand?"

Schon flog die Tür auf. Hellmut rannte den Gang entlang. In der Linken hielt er eine Schaufel, die er wütend über den Kopf schwang. „Ihr Scheißer!", brüllte er. Dann wandte auch er sich den Treppen zu.

Im nachfolgenden Schweigen beugte sich Silvio mit schmerzverzerrtem Gesicht von der Lehne fort. So was Unbequemes!

Die Zeit verging. Nach und nach verschwanden die Wartenden in den Tiefen der Hölle, nachdem sie sich ihre Arbeiten im Büro des dämonischen Sachbearbeiters abgeholt hatten. Sie gingen als Pförtner, Lehrer, Fußpfleger oder Klinkenputzer. Silvio hätte niemals gedacht, dass es so viele schreckliche Tätigkeiten gab, die hier unten Verwendung fanden. Außerdem warfen die Arbeitszuweisungen viele Fragen auf. Wozu brauchte man beispielsweise hier unten Versicherungsvertreter oder Rechtsanwälte?

Die frei werdenden Plätze wurden immer wieder neu besetzt. Es herrschte großer Andrang. Irgendwann stellte Silvio fest, dass viele, die nach ihm eingetroffen waren, bereits aufgerufen wurden. Hatte man ihn vergessen?

Neben seiner Angst vor der Bestrafung machte sich nun Ungeduld und Unmut breit. Sie brodelte leise in ihm und wurde langsam heißer, bis sie schließlich überzukochen schien. Als sich wieder die Tür öffnete, um den Nächsten hereinzubestellen, nahm Silvio all seinen Mut zusammen und rief: „Wann bin ich denn endlich dran?"

Stille.

Ein Stuhl wurde zurückgeschoben.

Ein Schnauben.

Hinkende Schritte.

Und dann stand er in der Tür. Der Huf scharrte über den Boden. Die Augen funkelten rot im zornigen Gesicht. Die Hörner kratzten am Holzrahmen und der Schwanz schwang hinter dem Rücken wild umher.

„Wer wagt es?"

Zielsicher wandte er sich Silvio zu.

„Du?" Schlagartig entspannte sich das Gesicht. „Silvio Patterson? Dr. med. Patterson. Der Arzt?"

Den Gefühlsausbruch hätte er sich sparen sollen! Unruhig rutschte Silvio auf der Sitzfläche.

„Dr. med. Patterson. Nicht privatversichert, soweit ich weiß. Als Chef habe ich keine Zeit für dich. Du wirst hier so lange sitzen, bis sich ein Aushilfsdämon Deiner annimmt.

Und das kann verdammt lange dauern. Verdammt lange."

Der Sinn des Lebens

Gott stand vor mir. Ein alter Mann jenseits der Zeit. In weiß gekleidet, vom Nichts umhüllt. Er hielt einen Apfel, betrachtete ihn eingehend, bevor er hineinbiss. Dabei lächelte er verschmitzt, als wäre dieses Stück Obst ein Witz, den nur er verstehen konnte.

„Was möchtest du?“, fragte er.

„Das weißt du“, antwortete ich.

„Natürlich.“ Er biss noch einmal ab. „Du möchtest Wissen.“

Der Apfel war aus seiner Hand verschwunden. Stattdessen ruhte auf seiner Fingerspitze ein einzelnes Sandkorn. „Das ...“ – war es nur eine Metapher? – „... bist du.“

Ich konnte das Sandkorn plötzlich ganz nah sehen. Es schwebte empor und drehte sich langsam. Dann rückte es ein kleines Stück zurück. Andere Sandkörner stoben heran, ließen meines nur noch eines von vielen sein. Sie pressten sich aneinander, verschmolzen schließlich und bildeten eine Kugel. Wasser umspülte sie und Kontinente tauchten auf.

„Die Erde!“, entfuhr es mir.

Gott antwortete nicht.

Schon war die Erde aus meinem Focus entschwunden. Da war die Sonne, umkreist von Merkur, Venus, Mars und den anderen Gestirnen, die bald nur noch ein verschwindend kleiner Teil der Milchstraße waren.

„Wohin führst du mich?“

„Zu der Antwort, die ich dir geben kann. Oder zumindest zu der Antwort, die du verstehen wirst.“

Galaxien drifteten an mir vorbei. Der Kosmos in unbegreiflicher Schönheit war schließlich nur noch winziger Teil vieler Universen, die wie unendliche Seifenblasen um- und ineinander schwebten.

Sie alle gemeinsam bildeten eine Zelle, pulsierend und voller Leben.

Die Zellmembran ließ uns frei.

Schon umgaben uns viele andere Zellen.

„Was soll das bedeuten?“

„Sieh!“

Die Zellen bildeten ein Auge. Das Auge blickte aus einem Gesicht. Das Gesicht war das Meine. Erkenntnis streifte mich. Doch ich konnte sie nicht recht fassen.

„Ich trage alles in mir?“

„Nicht nur.“ Gott machte eine kleine Pause, bevor er weitersprach. Er suchte nicht nach Worten. Aber er wollte mir Zeit lassen. „Du bist dein Alles. Du bist dein Universum, dein Gespür, dein Blick, die Perspektive, der Betrachter und das Bildnis.“

„Das ... das verstehe ich nicht.“

„Das musst du noch nicht.“

„Aber warum das alles? Was ist der Sinn?“

Gott hatte wieder den Apfel in der Hand. Er schien zu überlegen, ob er ihn mir reichen sollte. Doch schließlich behielt er ihn für sich.

„Scht“, machte er. „Das ist ein wirklich großes Geheimnis. Könntest du dieses Geheimnis für dich behalten?“

„Ja!“ Ich erinnere mich an den Kloß, den ich in diesem Augenblick in meinem Hals spürte. Was würde Gott mir offenbaren? „Ja!“

Gott lächelte.

Ohne Zweifel er hatte eine spezielle Art von Humor. Und er hatte sich vorgenommen, dies zu Beweisen, indem er antwortete: „Ich auch.“

Der Seelenfresser

Es war eine stürmische Regennacht, als der Fremde das Dorf, gehüllt in einen dunkelgrünen Lodenmantel, erreichte. Sein Gesicht verborgen in der Finsternis einer Kapuze, schritt er in die Schankstube des kleinen Gasthauses am Ende der Straße. Seine Stiefel waren mit Lehm beschmutzt und seine Hosen trugen die Male einer langen, beschwerlichen Reise.

Sein Mund formte keinen Gruß, als er sich dem Wirt zuwandte. „Schickt nach dem Priester." Seine Stimme klang nach Moder. Und viele der anwesenden Gäste hätten später beschwören mögen, dass sie auch Grabesfäule gerochen hätten. „Sagt ihm der Devorator Animarum verlange nach seinen Diensten. Es ist an ihm, ein letztes Gebet zu sprechen."

Anthonius, der Priester, war ein schwächlicher, kleiner Mann. Seine Berufung hatte ihn vor vielen Jahren in dieses abgelegene Dorf geführt, wo er im leeren Gebetssaal häufiger mit seinem Gott als mit seinen Schützlingen sprach. Doch seine Lateinkenntnisse reichten noch aus, um zu wissen, dass Eile geboten war, denn ein Seelenfresser schickte sich an, eines seiner Gemeindemitglieder zu rauben.

Als er atemlos das Gasthaus erreichte, war der Fremde nicht mehr da. Der Seelenfresser hatte dem Wirt gesagt, dass er in das Haus des Schmieds gehen würde, um dort seine Geschäfte zu erledigen.

„Schnell", rief Anthonius den Männern im Raum zu, „wenn wir uns nicht sputen, könnt ihr euch morgen darin üben, euren Gäulen das Eisen auf die Hufe zu schlagen. Seine Frau wird zur Witwe und sein Sprössling wird noch in seinem ersten Lebensjahr zum Halbwaisen."

„Warum?", fragte der Wirt, dem das Entsetzen ein neues Antlitz aufgemalt hatte.

„Der Schmied ist schon seit Tagen krank", erklärte der Priester. „Und ich befürchte, dass er noch heute Nacht dem Seelenfresser seinen Geist preisgeben soll. Wir müssen etwas unternehmen."

Der Fremde hatte gerade den Hof der Schmiede erreicht, als ihn die aufgebrachten Dorfbewohner einholten. Sie überwältigten ihn und geizten weder mit Schlägen noch mit Tritten. Der Müllersmann Alfred, der als der beste Freund des Schmieds galt, schlug besonders hart zu und er hätte den Mann in dem dunklen Mantel wohl zu Tode geprügelt, wenn ihn der Priester nicht zurückgerissen hätte.

„Halte ein. Versündige dich nicht! Morde nicht. Wenn du ihm sein Leben nimmst, gibst du deine eigene Seele der ewigen Verdammnis preis."

Widerwillig ließ sich Alfred von den anderen Männern zurückziehen.

„Du bist hier nicht willkommen", sagte der Priester, nachdem er sich neben den am Boden liegenden Mann niedergekniet hatte. „Stiehl dir an anderen Orten die Leben, die du brauchst. Ich werde nicht zulassen, dass du den Schmied aus unserer Mitte entreißt. Denn auch wenn es unser Glaube verbietet zu töten, werden wir dir nicht erl..."

„Ich brauche deine Erlaubnis nicht", keuchte der Seelenfresser, „um das zu tun, was mir das Schicksal aufträgt. Es ist nicht aufzuhalten."

Er stand auf und ging zum Wohnhaus des Schmieds. Die Frau des Schmieds, die ihm zunächst den Eintritt verwehren wollte, wich ängstlich und mit gesenktem Haupt zurück in die Wohn- und Schlafkammer. Schützend stellte sie sich vor das Krankenbett ihres Gatten, der mit fiebrigem Husten in einer schweren Decke eingerollt dalag, während der Fremde, gefolgt von den Dorfbewohnern, eintrat.

Der Raum war schlicht eingerichtet. Neben der Schlafstatt des Paares, einem Schrank und der Kochstelle, stand dort nur noch die Wiege des Säuglings, aus der ein leises Wimmern drang.

„Das Jenseits verlangt nach einem der Euren", sagte der Fremde, „und ich bin bereit, eine Seele in euren Diensten dorthin zu tragen. Ihr braucht mich dafür nicht zu entlohnen. Gebt mir nur – dem heiligen Gesetz der Gastfreundschaft folgend – für eine Nacht Unterkunft."

Während er sprach, zog er einen kleinen, schwarzen Sack aus seinem Mantel, den er über die Lehne eines Stuhls am Esstisch hängte. Ohne ein weiteres Wort setzte er sich.

Anthonius schüttelte den Kopf. „Für ein paar Stunden sollst du in diesem Haus Unterkunft erhalten. Denn selbst auf dich lauern in diesem Sturm schlimmere Gefahren als der Tod. Doch ein Leben nehmen wirst du nicht. Nicht hier. Nicht in dieser Nacht. Wenn du einen der Unseren nehmen willst, wirst du an mir vorbeikommen müssen." Er stellte sich neben die Frau. Auch Alfred und die anderen Männer reihten sich vor dem Krankenbett auf und bildeten mit ihren Leibern einen schützenden Wall.

Der Fremde schien unbeeindruckt. Ruhig saß er da und betrachtete die Dörfler mit versteinerter Miene. Aus seiner Manteltasche zog er ein Stück Dörrfleisch und biss etwas davon ab. Kauend betrachtete er die Dörfler, die ihm dicht an dicht den Blick auf den Schmied verwehrten.

Die Stunden vergingen und das Unwetter, das an den Fensterläden zerrte, zog in den frühen Morgenstunden weiter.

Als die Sonne das Firmament erklommen hatte, stand der Seelenfresser unvermittelt auf. Er ging zu Anthonius. „Es ist an der Zeit, dass ich weiterziehe. Ich danke euch für eine Nacht im Trockenen."

Er wandte sich ab, griff nach dem Sack an der Stuhllehne und verließ das Haus.

„War seine Tasche gestern nicht leer?"

Alfreds Frage schwebte im Raum. Mit bangem Blick drehten sich alle zum Schmied. Doch der lag friedlich unter seiner Decke. Sein Fieber war vergangen und sein Atem ging wieder gesund und gleichmäßig. Erleichterung erfüllte den Raum.

„Der Tod scheint dieses Haus verschont zu haben", sagte der Priester und schickte sich an, den Heimweg zu beschreiten. Die anderen wollten ihm folgen.

Dann ein Schrei.

Die Frau des Schmieds stand weinend am Kinderbett.

Sie presste den leblosen Leib des Kindes an ihre Brust.

Verfolgungswahn

George lag auf der Couch und starrte die Decke an. Seine Finger tippten nervös auf das Leder. Auch wenn er nicht den Anschein machte, fühlte er sich hier sicher, denn er spürte nur ein Augenpaar auf sich ruhen.

„Heute fing es in der U-Bahnhaltestelle an. Die Überwachungskamera schwenkte in meine Richtung. Das Licht der Deckenbeleuchtung spiegelte sich in der Linse. Dann schien sie einen Augenblick innezuhalten und drehte sich wieder in die andere Richtung. Auf der Seite konnte ich die Seriennummer erkennen. Neunzehn – acht – vier. Es gibt also mehr als 1984 Möglichkeiten mich auf Schritt und Tritt zu observieren ... Ich weiß genau, dass sie am Ende der Leitung vor ihren Monitoren hocken. Sie wissen immer, was ich tue."

Dr. Blair nickte nur verständnisvoll. Ein Lächeln umspielte seine schmalen Lippen. Ein guter Mann, der es verstand, auf die richtige Weise zuzuhören.

George setzte sich auf. „Die Fahrt hierher war beängstigend. All meine Phobien verdrängend, bin ich in die Bahn gestiegen. Oh mein Gott, wie sie mich alle musterten! Sie alle beobachteten mich. Es entging ihnen nicht, dass ich meine Tasche fallen ließ, dass ich einen Fahrschein löste. Oh, nein! Sie haben alles gesehen!"

„Und wer sind ‚sie'?" Natürlich musste Dr. Blair diese Frage stellen. Es war sein Beruf Fragen zu stellen. Und George mochte es, dass dieser Mann auf die richtige Weise seine Fragen stellte.

„Was weiß ich?", antwortete er tapfer. Er hatte keine Antwort parat. Das machte die Situation, in der er sich befand, aber nicht besser. „Vielleicht sind es die Illuminaten, der Staat, die Freimaurer oder ..." Er schämte sich, es laut auszusprechen. Also flüsterte er. „... Außerirdische."

„Hm-m", machte der Doktor. Eine kurze Notiz wurde auf ein Klemmbrett, das auf Blairs Schoß ruhte, gekritzelt. Unleserliche, markante Schriftzeichen. George erwischte sich dabei, dass er Blair auch hier die richtige Weise unterstellen wollte.

„Als ich das letzte Stück zu Fuß ging, habe ich sie alle gesehen. Sicherheitsleute auf dem Marktplatz. Bewegungsmelder an jeder Ladentür. Und die Überwachungskameras, die angeblich darauf achten, dass nichts aus den Geschäften geklaut wird. Wissen Sie, dass ich keine Kleidung mehr kaufe? Seit Wochen nicht mehr! In den Umkleiden gibt es Spiegel. Auf der anderen Seite sitzen sie und können hindurchsehen. Als ob es an meiner Unterwäsche was zu gucken gäbe."

„Warum sollten sie das tun?"

„Warum? Weil es ihnen Macht gibt. Wissen ist Macht. Und sie wissen alles über mich."

Nun, das stimmte nicht ganz. George bewahrte sich ein letztes Geheimnis. Auch wenn sie seine Adresse, seine Vorlieben, seine Gewohnheiten kannten. Sorgsam pflegte er dieses Geheimnis, das nur ihm gehörte. Eben erst, im Wartezimmer, hatte er sein Bollwerk gegen diesen Wahnsinn wieder gepflegt. Mit einfachsten Mitteln wehrte er sich gegen ihre Allmacht.

Er hatte, während er auf Einlass in den Behandlungsraum wartete, sorgsam das Zimmer abgesucht. Keine Wanzen und keine Linsen. Nichts belauerte ihn. Nachdem er die Vorhänge am Fenster zugezogen hatte ... Rechtes Nasenloch, ganz hinten. Das Teil juckte ihn schon den ganzen Tag. Er hatte es sich für diesen Moment aufgespart. Mit dem kleinen Finger bohrte er sich bis zu diesem wunderbaren Kleinod vor.

Es war wie die Duftnote eines Hundes. „Ich war hier und ihr habt nicht gesehen, was ich getan habe." Nichts anderes bedeutete diese Handlung, diese Tat der Revolte. Mit einer genussvollen Geste schmierte er den Popel unter die Sitzfläche des Stuhls, auf dem er saß. Welch ein kostbares Geheimnis dort nun klebte.

„Ich glaube nicht, dass Sie verfolgt werden", sagte Blair am Ende der Sitzung. George war ihm deshalb nicht böse. So was zu behaupten, war schließlich sein Job. „Sagen Sie sich immer wieder, dass Ihr Leben für andere viel zu profan und uninteressant ist, als dass Sie es wert wären, ständig observiert zu werden.

Sie sollten zunächst mal wieder damit anfangen, Ihre Beruhigungstabletten zu nehmen. Und dann würde ich sagen, dass wir wieder regelmäßig ein paar Gespräche führen. Wäre Ihnen einmal die Woche zur gleichen Zeit recht?"

George nickte dankbar. Dieser Mann wusste, was richtig für ihn war.

„Dann sehen wir uns also nächste Woche wieder?"

Wie beruhigend Dr. Blair das ausdrückte. Die Betonung der Silben erklang genau auf die richtige Weise. George ging es nun schon viel besser.

„Kommen Sie gut heim. Und ..." Dr. Blair griff in die Tasche und reichte ihm ein Papiertaschentuch. „Für's nächste Mal."

M26

„Verdammt nochmal!“ Norm stand wild gestikulierend an seinem Rednerpult. „Ich verbitte mir Zwischenrufe.“ Der in ihm kochende Zorn stand ihm ins Gesicht geschrieben. Auch sein Publikum tuschelte ungehalten. Wie konnte es sein, dass dieser junge Raumfahrer einfach hier reinplatzte und den Vortrag des Gelehrten unterbrach?

„Ruhe bitte!“ Der Zeremon klopfte mit seinem Hammer auf den Tisch. „Ruhe bitte.“ Dann wandt er sich an den Astronauten: „Bitte warten Sie, bis Sie aufgerufen werden.“

Norm ordnete seine Notizen neu, räusperte sich und versuchte den Neuanfang. „Liebe Kollegen der Archäologie, Freunde der interstellaren Forschung und ...“, sein Blick fiel auf den Astronauten, der noch immer im Mittelgang des Saales stand, „andere Anwesende. Ich begrüße Sie zur Abschlusserklärung des Aufklärungsflugs M26 Strich 6 Schrägstrich 5010.“

Verhaltener Applaus erklang. Das ernüchternde Ergebnis der Mission war allen bekannt. Der heutige Abend war nur noch eine Formsache. Die meisten hofften wohl darauf, dass Norm sich kurzfasste, damit sie sich anschließend rasch zu einem „Moody Harry“ in der Lounge treffen konnten.

„Gegenstand der Untersuchung war der Planet M26. Mittlere Entfernung zu unserem Standort: 37 Lichtjahre. Gesichtet wurde vor Ort mit dreihundert Sonden. Zwölf der unbemannten Drohnen gingen während der Mission verloren.

Die Bewertung des Projekts: M26 ist ein bedingt bewohnbarer Planet. Die Menge an verwertbaren Rohstoffen ist unserer Einschätzung nach für die Gesellschaft uninteressant. Trotz starker tektonischer Aktivität findet sich eine reiche Artenvielfalt in Bezug auf Flora und Fauna. Intelligentes Leben wurde eindeutig nicht festgestellt. Auch wurden keine Spuren vergangener Kulturen ausgemacht. Weder für die Fachbereiche der Archäologie, noch für die kommerzielle Ausschlachtung ist M26 als interessant einzustufen.“

„Es ist kaum zu glauben, dass sich bei einem Planeten mit solch hoher Biomasse keine höheren Lebensformen entwickelt haben“, wandte der Zeremon ein.

„An dieser Stelle kann ich mich nur unseren theologischen Kollegen anschließen. Der Beweis, dass sich Intelligenz nicht zwangsläufig im Sinne der Evolution entwickeln muss, ist auf M26 erbracht. Das ‚Göttliche' hat diesen Winkel des Universums nicht gestreift."

Der Astronaut schien einen Entschluss zu fassen und setzte sich in Bewegung. Mit eiligen Schritten durchmaß er den Raum und trat an Norm heran. Einige Worte wurden gewechselt – leise.

„... Sternchen?", entfuhr es Norm.

Der Astronaut nickte.

„... Sie meinen wirklich Sternchen?" Norm keuchte. Damit konnte doch wirklich niemand rechnen.

„Wie mir unser überraschender Gast soeben berichtet hat, ist vor wenigen Stunden eine der als vermisst gemeldeten Raumsonden von M26 auf unserer Orbitalstation eingetroffen. Das Ergebnis der Datenauswertung liegt bereits vor. Wegen ihrer Br sanz wurde es vermieden, die Teleübertragung zu verwenden." Norm machte eine theatralische Pause. „Meine lieben Kollegen", rief er endlich, „wir haben Spuren gefunden."

Der Astronaut beugte sich über das Mikrophon. „M26 hat einen Trabanten. Die Sonde hat ihn oberflächlich gescannt. Alles dort ist kalt, karg und leer.

In einer Tiefebene der Felslandschaft hat sie eine Metallstange gefunden. An einer Querstrebe war ein bunter Stoff daran befestigt. Ein Artefakt, ähnlich der Höhlenzeichnungen unserer Urahnen."

„Welcher Art sind die Zeichen?", fragte der Zeremon.

„Sternchen und Streifen."

Arbeitseinweisung

Der Bauwagen spendete kaum Schatten. Die schwüle Luft und der aufgewirbelte Staub des Baggers machten das Atmen schwer. Es wurde Zeit, dass er hier fertig wurde.

Rainer stemmte die Hände in die Hüften. Mit fester Stimme sprach er langsam und jedes Wort betonend, so laut, als hätte er einen Schwerhörigen vor sich: „Du! Gehen. An den. L – K – W. Den Laster. Nehmen Schubkarre. Holen Schubkarre. Kommen hierhin zurück."

Marek lächelte mit dem Mund. Doch seine Augen blieben unbewegt. Rainer seufzte tief und sprach weiter: „Du! Verstehen?"

Zögernd nickte Marek.

Rainer befürchtete, dass diese unbestimmte Kopfbewegung nicht viel zu bedeuten hatte. Diese verdammten Gastarbeiter! Warum musste er jedes Mal die Neuen einarbeiten?

„Gut." Nichts war gut. „Dann. Du nehmen Schaufel. Spaten! Buggedie, buggedie." Mit einem unsichtbaren Luftwerkzeug grub er ein paar sehr schnelle Stiche in die Erde. „Hier. So tief." Er hob seine Hand in Hüfthöhe. Dann zeigte er auf eine unbestimmte Stelle des Papiers, dass er in den Händen hielt. „Chef sagen mir. Ich sagen dir. Du schaffen das?"

Es fehlte noch etwas Nachdruck. „Nix Kaffee trinken. Nix paff paff." Er untermalte seine Forderung, indem er Mittel- und Zeigefinger an die Lippen führte. „Auch nix Bier oder Spiritus!"

Nach einer solchen Arbeitsanleitung konnte ja fast nichts mehr schiefgehen. Fast. Die geistig Beschränkten aus dem Osten waren jedoch bestimmt für jede Überraschung gut.

Das Stakkato eines Presslufthammers setzte ein und sorgte für eine Zwangspause in Rainers Monolog. Als der Lärm wieder aussetzte, schob er auffordernd sein Kinn nach vorn und legte den Kopf schief. Eine internationale Aufforderung das Gesagte zu wiederholen.

„Ich soll also an den Transporter um die Schubkarre zu holen. Und dann soll ich entsprechend des Bauplans ein fünfzig Zentimeter tiefes Loch ausschachten. Außerdem soll ich mich von keiner Ablenkung tangieren lassen."

Dieser leicht rheinländische Akzent hat irgendwie etwas Ironisches, dachte Rainer. Aber er wollte es nicht näher ergründen.

Der Admiral

Der Admiral stand an der Reling des Flagschiffs und beobachtete die spanische Flotte. Es war kein gutes Gefühl, in die Rohre der Vierpfünder zu blicken. Doch seine Befehle waren eindeutig. Der König hatte ihm mitteilen lassen, dass der Frieden mit allen Mitteln zu wahren sei.

Die Diplomaten kamen zurück an Bord. Allen voran erklomm Charles Jones die Leiter, selbstgefällig lächelnd, blasiert von Kopf bis Fuß. „Es ist geschafft", verkündete er stolz, „die Schlacht bleibt aus, Admiral."

Verdammte Landratte, dachte der Admiral. Dabei hatte er sich seinen Krieg doch so sehr verdient! „Wir werden die verdammten Spanier nicht angreifen?", fragte er, vielleicht etwas zu laut. Die ruhige See trug heute gut den Schall.

„Es waren zähe Verhandlungen, Sire", antwortete Jones. Seine Augen zuckten nervös zu den spanischen Schiffen. Gut.

„Ich bewundere Euer Geschick", sagte der Admiral. Eigentlich verfluchte er es.

Mit dem Fernrohr schaute er hinüber zur gegenüberliegenden Fregatte. Dort stand der Unterhändler der Spanier neben dem Steuermann. Auch dieser hielt ein Fernrohr vor sein rechtes Auge.

Auge in Auge mit dem Feind. Der Admiral korrigierte sich: Nein, sie sind keine Feinde. Noch nicht.

„Es stand auf Messers Schneide", berichtete Jones, der inzwischen bis auf wenige Schritte herangekommen war. „Nicht viel und wir hätten um unsere Leben fürchten müssen."

„Ich befürchte", erwiderte der Admiral, „Ihr überschätzt die Schlagkraft der anderen Flotte." Es wäre ein lohnendes Unternehmen dies unter Beweis zu stellen. „Es ist bedauerlich, dass Ihr die Krone um einen glorreichen Sieg gebracht habt."

Die Kanonen waren geladen, die Crew bis an die Zähne bewaffnet. Für das Scheitern der Verhandlungen wäre man vorbereitet gewesen. Ein Leichtes, die Spanier zu versenken. „Nun ...", sprach der Admiral seine Gedanken laut aus, „mir sind die Hände gebunden. Solange die Spanier nicht das Feuer eröffnen, dürft Ihr Euren Verhandlungserfolg voll auskosten."

Als die Segel gesetzt wurden, warf der Admiral nochmals einen Blick durch das Fernrohr. Der spanische Diplomat beobachtete ihn noch immer. Er traute dem Frieden nicht. Gut. Es bedurfte also nicht viel ...

Der Admiral hörte das laute Schlagen der Segel, als sie sich in der Brise aufblähten. Eine gute Gelegenheit. Er prüfte die Windrichtung.

Mit dem Mittelfinger.

Und schon fiel der erste Schuss der Spanier.

Endspiel

Mit einem verheißungsvollen Zischen gab der Kronkorken dem Flaschenöffner nach. Ein gutes Bier gehörte einfach zu jedem Fußballabend. Udo füllte mit Kennerhand das Weizenglas und stellte es auf das Tischchen, das er extra für diesen Abend neben seinen Sitz geklemmt hatte.

Der kleine LCD-Fernseher war für Sportübertragungen nicht optimal. Aber wenigstens reichte die DVBT-Antenne für eine ausreichende Übertragungsqualität.

„In wenigen Minuten erfolgt der Anpfiff." Die Stimme des Moderators klang etwas blechern. Dem konnte Udo Abhilfe verschaffen. Mit zwei Handgriffen schloss er seinen Dolby Kopfhörer an das Gerät. „Das war die Nationalhymne", dröhnte es nun, direkt in Udos Ohr. Jetzt war er zumindest in akustischer Hinsicht mittendrin, statt nur dabei. Im Hintergrund sangen die Massen ihr: „Ole Oleoleoleeee." Da kam doch noch echt Laune auf.

Udo blickte sich zufrieden um. Kleine Lampions, Wimpel und Fähnchen – alles mit dem Logo der National-Elf – schmückten die Decke. Hinter seinem Sitzplatz hingen prachtvoll die Nationalfarben in schwarz, rot, gold und im Fenster klebte das Zeichen des DFB. Auf die Grillwurst musste Udo zwar heute verzichten, aber dafür lief ihm nicht seine Frau andauernd durchs Bild. Das schien ein guter Ausgleich dafür zu sein!

Jetzt noch eine Tüte Chips zwischen die Beine platziert. Schon konnte es losgehen.

Udo startete den Motor, setzte den Blinker und fuhr mit seinem 40-Tonner auf die A4.

Alrauna

Es war einmal ein verwunschenes Schloss. Es hieß, dass der alte König mit samt seiner Gefolgschaft vor langer Zeit verschwunden sei. Seither hauste dort in den tiefsten Gewölben der Kerker die böse Hexe Alrauna.

Ihr Bannspruch lag über den Landen des Reiches und das Unheil ihrer Zaubermacht war bis in die letzten Winkel der umliegenden Dörfer spürbar.

Nur ein wahrer Held würde sie niederstrecken können und somit das Schloss befreien. Alsdann begab es sich, dass sich Prinz Jasper und sein Knappe Wenzel auf die lange und beschwerliche Reise begaben, um die Prophezeiung zu erfüllen.

Das Schloss erhob sich als dunkle Silhouette vor dem Abendrot des Himmels. Prinz Jasper stieg von seinem prächtigen Streitross und betrachtete den Wald, der sich bedrohlich vor dem Schloss auftat. „Ein natürlicher Wall“, stellte er fest. Und wirklich: Dicht und eng verflochten wuchsen die Zweige des Unterholz und erschwerten jedem Wanderer den Zugang zu dem Schloss.

„Gib mir meine Waffe“, rief Prinz Jasper und sein Knappe reichte ihm fast augenblicklich das aus Elfenbein geschnitzte Zauberschwert. Die magische Klinge leuchtete blutrot im Licht der untergehenden Sonne. Mit einem kräftigen Hieb durchtrennte der Prinz die ersten Zweige, nur um sogleich seinen zweiten Schlag gegen das Holz auszuführen.

Zunächst schien ihm das Holz keine Schwierigkeiten zu machen. Immer tiefer arbeitete er sich in den Wald vor, den Schlossmauern entgegen.

Mit der Zeit schlug er langsamer. Sein Kampfarm ermüdete und bald musste er eine erste Pause einlegen. Heftig atmend setzte er sich auf einen mit Moos bewachsenen Stein und wartete, bis sein Knappe zu ihm aufschloss.

„Mein Herr, ist alles in Ordnung?“, fragte Wenzel und reichte ihm den Wasserbeutel. Jasper trank hastig ein paar Schlucke.

„Dieser Wald soll das letzte Hindernis unserer langen und beschwerlichen Reise sein. Wenn die Hexe zu ihrer Verteidigung nicht mehr aufzubieten hat, als dieses wuchernde Gestrüpp, soll es uns recht sein.“

„Und wenn Ihr die Hexe besiegt und vernichtet habt“, sagte Wenzel stolz, „dann wird der Bann über das Land gelöst und Ihr seid der neue Herr im Schloss: König Jasper I.“

„So soll es sein. Ich beanspruche den Thron und werde der neue Herrscher!“

In diesem Moment schien mit dem Wald eine Wandlung vor sich zu gehen. Die Schatten wurden tiefer, das Holz schien grober beschaffen und die Büsche schienen plötzlich dornenbewehrt zu sein.

Der Prinz richtete sich auf und lauschte. Doch nichts weiter geschah.

Also hob er wieder sein Schwert und schlug sich weiter seinen Weg frei. Aber er und sein Knappe kamen bedeutend langsamer voran. Immer wieder schlugen ihm Äste ins Gesicht. Seine Haut und sein Gewand bekamen immer mehr Kratzer ab. Es war, als würde ihn das Gehölz von seinem Vorhaben, den Thron zu erobern, abhalten wollen.

Schlussendlich musste er an einer dichten Hecke stoppen.

„So wenige Schritte vor dem Schloss werde ich nicht aufgeben!“, erklärte Prinz Jasper. Doch so sehr er sich auch mit seinem Schwert abmühte, blieb im das Vorankommen verwehrt.

Entkräftet hielt er inne. „Mir scheint, dass wir hier mit Waffengewalt nicht weiter kommen.“

Wenzel schien entsetzt. „Sollen wir den Rückzug antreten?“

„Fürs Erste. Aber wir werden wiederkommen.“

Holz ist keine gute Verteidigungsmaßnahme, dachte Jasper. Er beobachtete seinen Knappen, wie dieser mit geschickten Fingern die Feuersteine aneinander schlug. Schon züngelten kleine Flammen in trockenen Reisigzweigen, leckten an dünneren Ästen, die vom Wind angefacht ihre Glut in den Wald trugen.

„Der Wald wird der Hexe kein Schutz mehr sein“, erklärte der Prinz. „Bereits am morgigen Tage werde ich die Schlossbewohner befreit haben und in meine Dienste nehmen.“

Schon bald war der Wald bis auf den letzten Stamm abgebrannt. Von der Hecke stand nur noch ein totes Gerippe entlang der Schlosswand. Eichen, Fichten und Brombeersträucher waren zu Asche zerfallen, alles andere Unterholz im Ruß und Qualm vergangen.

„Ihr habt mich besiegt", sagte die Hexe. Alt und grau kniete sie vor seinen Füßen. Sie machte keine Anstalten mit ihm zu kämpfen. „Nehmt das Schloss als eure Kriegsbeute und lasst mich ziehen."

„Das Schloss ist ohne seine Bewohner wertlos", stellte Prinz Jasper fest. „Ich brauche einen Hofstaat, über den ich regieren kann."

Die Hexe hob ihren Blick und kicherte boshaft. „Ihr wollt regieren? Dann seid Ihr an Euer Geschäft falsch herangegangen."

„Was faselt Ihr da, altes Weib?", rief Jasper ungehalten. „Nehmt Euren Zauber zurück oder ich töte Euch, um den faulen Zauber zu beenden."

„Seid versichert, dass mein Zauber bereits von Eurer Hand gebrochen ist."

Zornig drohte der Prinz mit der Elfenbeinklinge. „Redet nicht in Rätseln. Gebt mir ein Volk, über das ich bestimmen kann."

„Wisst Ihr denn nicht, welcher Art meine Zauberkräfte sind? Ich bin Alrauna, die Pflanzenhexe. Der König und seine Leute haben vor diesem Schloss gestanden, bevor ich sie entsprechend meiner Zauberkräfte verwandelte."

Prinz Jasper schnappte entsetzt nach Luft.

Der Geruch von kaltem Rauch stieg ihm in die Nase.

Filofax

Der Terminplaner lag auf dem Schreibtisch. Max betrachtete verwirrt die aufgeschlagene Seite. Jedes vorausliegende Blatt war von 8.00 bis 18.00 Uhr mit Terminen vollgeschrieben. Konferenzen, Einweisungen, Besprechungen. Selbst die Sonntage, bei anderen Leuten Oasen der Ruhe, nahmen seine Zeit in Anspruch, denn Freunde und Verwandtschaft mussten am Wochenende nach strengem Plan abgearbeitet werden.

Notizen drängten sich neben die diversen Eintragungen. Bloß nichts vergessen! Wenn die Linien nicht ausreichten, dann hielten gelbe Klebezettel seine Gedanken zusammen. Außerdem lagen ein paar Kassenbons und andere Belege zwischen den Seiten. Buchführung als Erinnerungsfetzen der vergangenen Monate.

Und nun musste er sich die Frage stellen, ob Kalender lügen können. Konnte Papier seine Geduld verlieren, wenn es ihm nicht mehr gelang, alles zu tragen, was der Stift mit Tinte vermerkt?

Da stand es schwarz auf weiß, gedruckt in untrüglicher Wahrheit: 32. August. Alle Zeilen darunter waren leer. Mit einem Blick auf die Uhr vergewisserte er sich. Doch auch die Datumsanzeige zeigte Max eine Drei, eine Zwei und hinter dem Punkt eine Acht. Bei allen Heiligen, ein geschenkter Tag!

Was für eine Chance! Ein wenig Zeit um den Seelenfrieden zu suchen. Vielleicht einen Ausflug an den See machen. Oder in die City zum Café, um ein Eis und einen Espresso zu genießen. Die Welt lag ihm zu Füßen.

Andererseits ... Es gab so viel liegengebliebene Arbeit. Er nutzte die Gelegenheit, einiges davon abzuarbeiten.

Auf der Türschwelle

Ich habe sie alle gelesen: Bram Stoker, John Polidori, Richard Matheson und – nun ja – auch Stephenie Meyer. Und ich darf mit Fug und Recht behaupten, dass ich mich für das Thema durchaus sensibilisiert habe. In dieser Welt voller Schrecken möchte ich nicht als naiv oder ahnungslos gelten.

Natürlich gibt es bessere Lektüre, wenn man allein in einer kleinen Wohnung am Stadtrand wohnt. Aber ich habe mein Leben nicht so gemacht. Das Schicksal hat mir meinen Mann entrissen. Oder viel mehr diese Tippse, die in seinem Büro ständig ohne BH und Anstand vor ihm herumstolziert ist. Ich hätte nie gedacht, dass Männer so schwanzgesteuert sein können!

Jetzt lebe ich schon seit drei Jahren allein und meine letzten verbliebenen Freundinnen haben mir geraten, dass ich mich langsam um meine biologische Uhr kümmern muss. Die Zeit bliebe nicht stehen, sagen sie, und die Wahrscheinlichkeit, dass ich als alte Jungfer sterben würde, erhöhe sich von Augenblick zu Augenblick.

Doch wozu gäbe es denn das Internet?

Auf dieser Dating-Homepage bin ich schnell fündig geworden: ein endgeiler Typ in meinem Alter. Schwarze Haare, maskuliner Körper mit nicht zu viel und nicht zu wenig Muskelmasse. Außerdem war er auf den Fotos gut gekleidet und machte alles in allem den Eindruck eines Gentlemans auf mich. Vielleicht war sein Teint einen Hauch zu blass. Ich nahm mir vor, darüber hinwegzusehen.

Also lud ich ihn zu mir nach Hause ein. Unser erstes Dinner begann recht vielversprechend. Fünf Gänge hatte ich vorbereitet. Das Kochen ist eine Trumpfkarte, die ich immer gerne ausspiele, wenn ich Besuch empfange.

Bereits bei der Vorspeise blickten wir uns tief und – ja, ich muss es gestehen – fast verliebt in die Augen. Wachsam wurde ich allerdings, als er meine Knoblauch-Pilze verschmähte. Kein Mann hatte bislang meinen Champions widerstehen können. Das sprach eindeutig gegen ihn. Mein Misstrauen war geweckt. Ich musste ihn dahingehend prüfen.

Und meinen ersten Test mit der Kirche bestand er prompt nicht. Meinen Vorschlag, dass er mich am kommenden Samstag in die Abendmesse begleiten solle, lehnte er schlicht ab. Dabei habe ich in meinem Profil bei der Partnerschaftsvermittlung explizit angegeben, dass ich streng katholisch bin.

Der Einladung zum Rummel folgte er. Und tatsächlich überraschte er mich, als wir im Spiegelkabinett gemeinsam als Zerrbild zu erkennen waren. Hätte er nicht unsichtbar sein müssen? Aber nein, wenn ich so darüber nachdenke. Der Kassierer hat uns ja, nachdem wir gezahlt hatten, dazu eingeladen, die Attraktion zu genießen.

„Darf ich dich morgen wiedersehen?" fragte er galant. Wir standen händchenhaltend vor meiner Haustür. Seine Finger ruhten, kalt wie Eis, zwischen den meinen. Dennoch knisterte heiße Erotik zwischen uns. Es fehlte nicht viel und ich hätte ihn hereingebeten. Ich muss zugeben: Kein anderer Mann hat mich bislang dermaßen erregt.

Aber auch das war ein Indiz dafür, dass ich mit meiner Vermutung richtig lag – auch wenn ich noch nicht das Bedürfnis hatte, ihm meinen Nacken entgegenzuhalten.

Ohne Zweifel: Es musste ein eindeutiger Test gemacht werden. Ich brauchte verbindliche Beweise und keine Vermutungen ...

Also nickte ich nur.

Er lächelte. „Hier bei dir?"

„Ich freue mich drauf", sagte ich. Und das war nicht gelogen.

Der nächste Tag. Wir blickten uns eine ganze Weile tief in die Augen. Dabei erlag ich beinahe seiner Ausstrahlung. Doch ich blieb in meiner Absicht standhaft. So stand er also vor meiner Wohnungstür, die ich ihm weit offenhielt. Doch er überschritt nicht die Türschwelle. Er lächelte mich nur an. Und sagte schließlich: „Du musst mich schon hereinbitten."

Wie wohl erzogen dies doch schien. Aber für mich war die Situation eindeutig. Sie war so eindeutig, wie sie nur eben sein konnte.

Unauffällig langte ich hinter mich. In der Garderobe lagen griffbereit ein Hammer und ein Holzpflock. Der letzte Beweis, dass dieser Typ ein Vampir ist, wird sein Aschehaufen sein ...

Mit aller Kraft rammte ich den Pflock in seine Brust.

Allerdings musste ich mir – als sein toter Körper im eigenen Blut vor mir lag – eingestehen, dass ich mich – ups – doch geirrt hatte.

Zanders Armageddon

Das Schicksal der Menschheit war besiegelt. Die Erde würde untergehen. In einer Stunde würde ein riesiger Meteor auf der Oberfläche einschlagen und den Blauen Planeten zerbersten lassen.

Herr Leopold Zander und seine Frau Gerda saßen vor dem Fernseher. Pausenlos berichteten die Öffentlich-Rechtlichen über den bevorstehenden Aufprall. In zahlreichen Dokumentationen konnten sie computergenerierte Animationen beobachten, die das Ereignis vorwegnahmen. Politiker und Wissenschaftler wurden interviewt, redeten sich die Köpfe heiß. Und hin und wieder gab es Berichte vom Mob, der randalierend und plündernd durch die Großstädte zog.

Im Privatfernsehen gab es Spielfilme. Der Schwerpunkt lag aus aktuellen Gründen bei der Thematik Katastrophen. Bruce Willis, Pierce Brosnan und Alain Delon retteten ungeachtet der aktuellen Lage im Zweistundentakt die Welt. Sie ließen sich dabei nur von der Werbung unterbrechen, auf die ein Programmgestalter einfach nicht verzichten konnte.

Herr Zander griff nach seiner Flasche Bier und nahm besorgt die Füße vom Tisch. Was sollte er bloß tun? Die Nachrichten über den bevorstehenden Untergang ängstigten ihn maßlos, denn er kam sich so hilflos vor.

Gerade wollte er die Hand seiner Frau ergreifen, sie umarmen und trösten. Er musste ihr in der Stunde der höchsten Verzweiflung nochmals seine Liebe gestehen, ihr für die schöne gemeinsame Zeit danken. Wie er doch hoffte, sie im Jenseits wiederzusehen!

Im Angesicht des Todes gab es für ihn nichts Wichtigeres, als in ihre Augen zu blicken.

Bevor seine Finger die ihren berührten, stand sie unvermittelt auf. Sie schaute auf ihre Uhr, nickte kurz und ging Richtung Badezimmer.

Verblüfft fragte er: „Liebling, wohin gehst du?“

„Haare färben“, antwortete sie knapp.

Herr Zanders Mund klappte auf und schloss sich wieder, während seine Gedanken Worte suchten, Sätze entwarfen, nur um sie gleich wieder zu vergessen. Nach dem dritten oder vierten Anlauf konnte er ein paar unartikulierte Laute von sich geben. Er schluckte und versuchte es erneut. „Du willst was?“

„Eine Stunde. Da schaffe ich es sogar noch, mich zu föhnen."

„Das kann nicht dein Ernst sein."

„Natürlich ist es mein Ernst", sagte sie gleichmütig. „Am Weltuntergang kann ich nichts mehr ändern. – An meinen Haaren schon."

Ingenieurskunst

Die Skizzen lagen in der gesamten Werkstatt herum, unzählige Bilder, mit flinker Feder gezeichnet. Notizen und ganze Abhandlungen umrandeten diese. Doch Anna betrachtete lieber eingehend die Modelle, die unter der Decke hingen.

„Ist das ein Fluggerät?" Die Frage lenkte ihre Aufmerksamkeit auf ihren Sohn. In den Händen hielt er ein sehr filigranes Etwas. Sie konnte einen kleinen Käfig erkennen, von dem zwei mit Tuch bespannte Flügel abstanden. Eine Fledermaus schien dazu Pate gestanden zu haben.

„Ich wäre dir äußerst dankbar, wenn du das zurück an seinen Platz stellen würdest", sagte Leonardo. „Man schaut mit den Augen. Nicht mit den Fingern."

Doch der Neunjährige tat, als hätte er die Belehrung seines Gastgebers nicht vernommen. Anna sah die Missbilligung in Leonardos Gesichtszügen. Aber was sollte sie tun? Der Junge hatte halt seinen eigenen Kopf. „Niccolo, wenn du das brav zurücklegst, bekommst du heute Abend von Mama eine Geschichte vorgelesen."

Im nächsten Augenblick prallte mit einem leisen Klackern das Fluggefährt auf den Marmorboden und zerbarst in seine Einzelteile. „Fliegt nicht", stellte der Junge nüchtern fest.

„Oh, Niccolo!" Anna versuchte, empört zu wirken. Sie stemmte die Hände in die Hüften, legte den Kopf schief und bewies bereits im nächsten Moment, dass sie zur Erziehung des jungen Aristokraten nicht fähig war. „Wenn ich das Papa erzähle, dann ..." Sie suchte nach den rechten Worten, fand sie aber offenbar nicht. „Kann man diesem Engelsgesicht lange böse sein?" Sie lächelte, während dem Jungen der Versuch misslang, eine Träne hervorzupressen. Schließlich beschränkte er sich aufs Schmollen.

„Liebling", säuselte Anna, „nicht böse sein. Ich lasse dir auch so ein Spielzeug anfertigen."

Niccolo schob als Antwort die Unterlippe vor.

„So kennen wir unseren Niccolo", stellte Leonardo fest. Die eigenwillige Mischung von Resignation und Sarkasmus triefte in jeder Silbe seiner Worte mit. „Deshalb habe ich auch speziell für Euch diese Konstruktion entworfen." Er holte ein Pergament hervor und hielt es Anna hin.

„Was ist das?", fragte sie.

Leonardo deutete auf den oberen Teil der darauf befindlichen Zeichnung und fuhr dann mit dem Finger entlang nach unten. „Dies ist der Einfüllstutzen. Darunter ist ein Sieb, das Verunreinigungen entfernt. Der Rüttler hält die Masse in Bewegung. Der darüber anzubringende Stampfer presst und zerkleinert klumpiges Material. Der Blasebalg fügt ausreichend Luft hinzu."

Niccolo war inzwischen dazu übergegangen, die Arbeitsgeräte in Beschlag zu nehmen. Gerade zeichnete er mit dem Zirkel auf einem Entwurf Leonardos verschiedene Kreise. Anna rügte ihn nicht. Sie schien froh, dass sie mit dem Pergament in der Hand so tun konnte, als würde sie das Treiben ihres Sohnes nicht wahrnehmen.

„Der untere Trichter wird eine genaue Passform bekommen. Die Spitze soll gut gepolstert werden. Was haltet Ihr von dieser Apparatur?"

Anna schwieg einen Augenblick und Leonardo ließ ihr die Zeit. Niccolo hatte inzwischen dem Zirkel ein Bein gebrochen. Da das Utensil nun unbrauchbar war, warf er es beiseite und kletterte auf die Arbeitsplatte. Mit den schmutzigen Schuhen ließen sich wunderbare Abdrücke machen, stellte der Junge zufrieden fest.

„Wozu ist diese Apparatur gut?"

Leonardo lächelte. „In den Einfüllstutzen könnt Ihr sehr feinkörnigen Zucker einfüllen." Er machte eine bedeutsame Pause. „An das untere Ende kann sich Euer Sohn hocken. Besser noch, wenn er sich über einen Schemel beugt."

Anna zog die Stirn kraus. „Wozu das?"

Leonardo räusperte sich. Er wollte sicher sein, dass ihn auch Niccolo gut verstand.

„Dann könnt Ihr Eurem unerzogenen Balg noch mehr Zucker in den Arsch blasen."

Schon wieder ein paar Worte dazwischen

Schwarzer Kaffee soll ja bekanntlich schön machen. Ich glaube nicht, dass ich genug davon trinken könnte. Sei es drum. Aber wenigstens erklärt diese Aussage, warum es so viele italienische Machos gibt, die vermutlich ihren Koffeinkreislauf hin und wieder mit etwas Blut verdünnen. Als ob ein gutes Aussehen Garant für ein glückliches Leben wäre!

Wichtiger ist es, dass man noch alle Tassen im Schrank hat und sie auch wirklich der Reihe nach gebraucht. Oder anders gesagt: Um mit beiden Beinen fest im Leben zu stehen, muss man wissen, wie man sich auf Gegebenheiten einstellt und man sollte erkennen können, was nicht die Bohne interessiert.

Kaffee, Milch und Zucker

Der Rhein floss träge unterhalb der Fenster vorbei. Vergilbte Spitzengardienen rahmten ihn ein. Ein paar Fliegen hatten ihre letzte Ruhe auf der Fensterbank gefunden. Dieses Café irgendwo auf halber Strecke nach Asbach war nun wirklich nicht die Art Lokal, in der sie normalerweise einkehrten.

Alexandra warf der Kellnerin einen beiläufigen Blick zu. „Zwei Tassen Kaffee bitte."

„Auch Kuchen?" Die Kellnerin zückte Stift und Block.

Melissa blickte hoffnungsvoll hinüber zur Kuchentheke, doch Alex schüttelte den Kopf. Spindeldürr, wie sie war, zählte sie tatsächlich noch täglich ihre Kalorien. In den letzten Jahren hatte sie sich Po und Brust systematisch weggehungert. Sportlich und drahtig sah sie aus. Aber keinesfalls fraulich.

„Ausnahmsweise nicht. Zu viel Zucker!" Alex lächelte unverbindlich, doch Melissa war sich nicht sicher, ob ihr da nicht eine Spitze untergejubelt wurde.

Sicher, niemand wusste besser als sie, dass sie von ihrem Idealgewicht weit entfernt war. Doch sie brauchte nicht ihre beste Freundin als Erinnerung dafür.

Die Bedienung stolzierte davon. Ihr Hintern wackelte etwas betonter, als er dies auf dem Hinweg getan hatte.

„Du kannst dir vorstellen, warum ich mit dir reden will", sagte Alex unvermittelt.

Konnte sie das? Nun, natürlich gab es allerhand Themen, über die sie sprechen konnten. „Ben hat mich verlassen."

Ach so ... Ben. Eigentlich hätte Melissa überrascht sein sollen.

„Ben?" Ein Name von vielen. Melissa machte sich inzwischen nicht mal mehr die Mühe, die Wochen zu zählen. Alexandra legte ihre Männer schneller ab, als ihre Mäntel. Manchmal kamen ihr aber auch inzwischen die Herren zuvor.

Obwohl der Begriff Mann oder Herr für ihre Begleiter nicht recht passen wollte. Milchbärte waren es, allesamt. Doch Alex wollte sich auf diese Weise anscheinend ihre Jugend bewahren. Ein vergebliches Unterfangen, wie Melissa befand.

„Ich dachte, er wäre der Richtige. Warum habe ich nur immer so ein Pech mit den Kerlen?“ Alexandras Frage war rhetorischer Natur. Eine ehrliche Antwort wollte sie gar nicht.

Beinahe hätte Melissa wie gewünscht gesagt, dass es nicht an ihr läge. Doch was wäre sie dann für eine beste Freundin? Wahrheit soll manchmal weh tun. Also sagte sie: „Weil du die Sache falsch angehst.“

„Was?“ Alex gab sich erstaunt.

„Deinen Traummann findest du nicht in Bars oder Clubs. Und schon gar nicht, wenn du dich an die jungen Typen ranmachst. Die wollen nur über dich drüberrutschen, weil du noch eine einigermaßen gute Figur ...“

„Einigermaßen“, wiederholte Alex, „schau dich doch selbst mal an.“ Doch dann biss sie sich auf die Unterlippe. Da war sie eindeutig zu weit gegangen. „Entschuldige.“

„Ich weiß, dass ich mit Größe 48 nicht das Traummodell bin. Aber mir läuft auch nicht die Zeit davon. Ich bin seit fast zehn Jahren verheiratet. Ganz spießig. Mit Mann, Kindern, Hund und Garten. Und ich bin damit glücklich.“

„Du willst mir doch nicht sagen, dass du nicht Lust hättest, hin und wieder mit einem knackigen Kerl in die Kiste zu steigen.“

„Ist Sex denn nur Selbstbestätigung für dich?“

„Für dich nicht? Willst du dir denn nicht sagen lassen, dass du begehrenswert bist?“ Alex lächelte diebisch.

Melissa schüttelte den Kopf. „Wie lange, glaubst du, kannst du noch jüngere Männer für dich begeistern? Was kommt danach? Das Alleinsein?“

Der Kaffee wurde serviert. Er dampfte bläulich. „Wie lange war der Pott auf der Warmhalteplatte?“, fragte Alexandra. Die Bedienung sparte sich eine Erwiderung und machte auf dem Absatz kehrt.

Als Alexandra Milch in den Kaffee goss, flockte sie prompt. Ein kleines, pulsierendes Schneegestöber in schwarzer Flüssigkeit.

„Männer ...“ Alex nahm den Faden des Gesprächs wieder auf. „Am schnellsten lerne ich sie halt im Club kennen. Und die wirklich knackigen Ärsche sind auch vielversprechend. Unter all den Fröschen muss einfach ein Traumprinz zu finden sein. Ich ...“, sie suchte nach den richtigen Worten. Und das Eingeständnis, das sie nun machte, war der Tribut an eine lange Freundschaft. „Ich weiß, dass meine biologische Uhr tickt. Gerade deshalb …"

„… hast du es jetzt so eilig?", beendete Melissa den Satz.

Auch ihr Kaffee war verkocht.

Sie nahm die Tasse und kippte das Getränk vorsichtig in die Untertasse. „Ich denke, dass du etwas zu schnell warst. Eile ist kein guter Ratgeber."

Nun stellte sie die Tasse ab und schüttete den Kaffee aus der Untertasse wieder zurück. „Geh' die Sache langsamer und mit Bedacht an." Nun gab sie die Milch dazu.

Ihr Kaffee färbte sich goldgelb.

Und während Alexandra noch darüber nachdachte, ob ihre Freundin über den Kaffee oder über Ben gesprochen hatte, nahm sich Melissa noch ein – nein – zwei Stücke Zucker.

Des Teufels Geschenke

Das Idyll trog. Der weiße Sandstrand, die Palmen und das monotone Rauschen der Wellen konnten nicht über die verzweifelte Lage hinwegtäuschen. Außerdem lag der scharfe Geruch von Rauch in der Luft. Keine hundert Meter entfernt brannten die Überreste der *Trinity*.

Die einstmals stolze Yacht war nur noch ein schwimmender Sarg, durch den sich die Flammen fraßen. Der Brand war in der Nacht ausgebrochen; hatte die meisten Passagiere im Schlaf überrascht.

Kapitän Norris stand mit nur zwei weiteren Überlebenden am Ufer und beobachte mit stillem Entsetzen das Inferno auf der *Trinity*.

„Wen haben wir denn da?" Die Stimme klang rau. Sie klang nach See und Wetter. Erschrocken wandte Norris sich um und erblickte einen kleinen Mann, der auf dem Stamm einer umgestürzten Palme saß. Gekleidet in einen feinen Nadelstreifenanzug und einen Bowler, wirkte er so deplaziert, wie ein Eisbär in Afrika. „Gestrandet in der Südsee. Weit ab vom Kurs." Der Mann lachte rasselnd. „Ohne Aussicht auf Rettung."

„Wer sind Sie?", brachte Norris hervor.

„Tut das was zur Sache?" Der Fremde stand auf und schritt ein paar Meter weiter zu einer Kiste, die vor wenigen Minuten noch nicht dort gewesen war. Halb versunken im weichen Sand des Strandes, machte sie allerdings den Eindruck, als wäre sie bereits vor Tagen angespült worden. „Ich habe wenig Zeit", sagte der Mann. „Lasst mich eure Situation kurz umreißen, damit wir zügig zu einem Ergebnis kommen können. Ihr seid auf einer einsamen Insel havariert. Ohne Wasser, Nahrung und Werkzeug. Rettung steht nicht in Aussicht. Aber das sagte ich, glaube ich, alles schon."

Mit einigen Handgriffen öffnete er den Verschluss der Kiste. „Aber ich bin so was wie eure gute Fee." Er kicherte. „Ihr habt jeder einen Wunsch bei mir frei."

„Einen Wunsch?", fragte Jan.

Jan war der Schiffskoch. Seine gedrungene Gestalt entsprach dem Klischee eines Seemanns und viele seiner Zeitgenossen zogen es vor, ihm nicht des Nachts ohne Begleitung auf einer Straße zu begegnen.

„Das hast du richtig verstanden", sagte der Mann freundlich. Nachsicht klang in seiner Stimme mit. „Möchtest du den Anfang machen? Du darfst dir einen Gegenstand aussuchen. Auf einem unbewohnten Eiland: Welches Ding wäre für dich in einer solchen Situation am nützlichsten?"

Die wulstigen Augenbrauen von Jan zogen sich zusammen und bezeugten die ehrliche Mühe, die sich seine Gehirnwindungen gaben, um zu einem vernünftigen Ergebnis zu kommen. Es fiel ihm tatsächlich nicht leicht.

„Was ich möchte?" Es klang wie die Frage eines Kindes, das den Wunschzettel zu Weihnachten innerhalb einer Minute schreiben sollte.

Der Fremde konnte in Jans Gesicht lesen wie in einem offenen Buch. Er schien im Geiste, darin jede einzelne Seite genüsslich umzublättern. „Was du möchtest. Es darf nur nicht zu groß sein."

Die Miene erhellte sich schlagartig. „Dann wünsche ich mir ... ein Messer."

Norris stöhnte innerlich. Natürlich war Jan nur der Smutje. Vermutlich hatte Jan deshalb ganz praktische Dinge im Kopf. Schließlich war ein Messer ein sinnvolles Werkzeug in jeder Kombüse. Doch Norris dachte weiter und hatte keinen Zweifel daran, dass ein Messer in erster Linie auch eine ausgezeichnete Waffe ist.

„Gute Wahl", sagte der Alte vergnügt. Er schien mit dem Gehörten mehr als zufrieden zu sein. Knirschend öffnete sich der Deckel der Truhe und aus der undefinierbaren Schwärze darin, holte er ein Fleischermesser hervor. „Für dich."

„Und wie lautet dein Wunsch?" Der Mann hatte sich Louis zugewandt. Louis war ein ganz anderes Kaliber als Jan. Drahtig, durchtrainiert und mit allen Wassern gewaschen. Ein harter Kerl, dem die sieben Meere den Charakter abgeschliffen hatten. Das, was darunter freigelegt worden war, fand man für gewöhnlich unter einem feuchten Stein, wenn man ihn umdrehte. Er überließ meistens den Fäusten das Denken.

Umso überraschender war es, dass er nun ohne zu zögern antwortete. „Dann will ich auch ein Messer. Genauso eins wie Jan ... Nur größer."

Der Mann griff in die Kiste. „Vermutlich soll das Messer größer sein, damit du Jan besser beim Kochen helfen kannst. Nicht wahr?"

„Ich koche nicht."

Die beiden wollten Messer. Sie hätten sich natürlich Nahrung wünschen können, vielleicht sogar ein Schlauchboot. Etwas was in diese verdammte Kiste passte und ihnen half, entweder hier zu überleben oder von hier fort zu kommen. Doch sie fühlten sich sicherer, wenn sie sich voreinander verteidigen konnten.

Es war nur gerecht, dass sie sich jetzt vor ihrem Kapitän fürchteten, dachte Norris. Er lag im warmen Sand des Strandes. Ein paar Lumpen dienten ihm als Kopfkissen. Die Pistole lag kalt in seiner Hand, während er versuchte ein wenig zu dösen. Richtig zu schlafen, wagte er nicht, denn er wusste, dass Louis wahrscheinlich auch nicht schlief.

Angst war das Letzte, was Louis zurückhielt, das Zepter zu ergreifen.

Seine Leute hatten Messer. Er hatte eine Pistole. Die Befehlsgewalt lag somit nach wie vor bei Norris. Noch regierte die Vernunft. Zumindest so lange, bis er gezwungen war, Macht auszuüben.

Der Fremde war schon seit Stunden verschwunden. Die Kiste mit ihm. Es schien, als würde man sein Lachen noch im Rauschen der Brandung hören. Norris fand, dass er heute eine sehr seltsame Art des Humors zu spüren bekommen hatte.

Seine Pistole war nicht geladen.

Die Made

Es war Sommer. Vierunddreißig Grad im Schatten. Neben der verwaisten Parkbank stand der städtische Mülleimer. Der intensive Geruch, penetrant und süßlich mit dieser unterschwellig herben Note, lag ekelerregend in der Luft.

„Michi hat es also geschafft!"

„Wer hätte das gedacht?"

„Also ich habe es ihr nicht zugetraut!"

Das alte Butterbrot, eingewickelt in einer fettverschmierten Folie, schien zu leben. Weißlich pulsierten die unzähligen Maden. Drei von ihnen hielten inne. Sie blickten hinauf zu der zerbrochenen Butterbrotsdose, die seit einigen Minuten über ihnen lag. Ein Schulkind hatte sie auf dem Nachhauseweg hier hereingeworfen. Vermutlich wegen des großen Risses, der sich quer durch den Deckel zog.

„Wie mag Michi das nur angestellt haben?"

„In nur so kurzer Zeit ..."

„Keine Ahnung. Aber sie hat es geschafft. Hier ist der Beweis."

Die drei Maden krabbelten weiter nach oben. Die Butterbrotdose war rot. Marmelade klebte am Rand. Und ein paar Krümel lagen noch darin. Vermutlich war es köstliches Weißbrot. Die nächste Mahlzeit war somit gesichert.

„Als sie gestern davon sprach, dass sie Fernweh habe, hätte ich nie vermutet, dass sie es weiter schafft, als bis zur nächsten Ulme."

„Sie ist halt eine Made mit großen Zielen."

„Was wird sie nicht noch alles erreichen?"

Es war die Gravur unter der Butterbrotsdose, die den Blick der drei Insekten gefangen hielt. Die Buchstaben im Plastik ließen ein erhabenes Gefühl in ihnen aufsteigen. Michi, diese kleine Made, hatte sie alle stolz gemacht.

„Wie mag sie es nur angestellt haben? Ich meine ... Sie wird das wohl kaum mit den Zähnen geschafft haben."

„Ist es nicht egal?"

„Sie hat gesagt, dass sie Urlaub machen will."

„Und wir haben versucht ihr klarzumachen, dass unsere Art nicht zum Reisen bestimmt ist."

„Aber sie hat gesagt, dass sie das schaffen kann ..."

„Ja. Sie wollte es uns beweisen."

„Sie hat es uns bewiesen."

„In der Tat."

„Recht eindrucksvoll sogar."

Die Buchstaben waren so etwas wie eine Fahne auf dem Mond. Sie waren gleichbedeutend einem Gipfelkreuz auf dem höchsten Berg oder ein neuer Weltrekord auf hundert Meter.

Michi hatte ein Zeichen gesetzt. Es war nicht für sie allein. Es war für alle Maden dieser Welt. Dessen waren sich ihre Geschwister sicher. Hier in einer Mülltonne im Park, mitten im Irgendwo, lag diese Dose, um allen zu zeigen, dass Maden alles erreichen konnten. Sie war um die halbe Welt gereist um dieses Zeichen zu setzen: „Made in Hong Kong."

Lebenszauber

Kalisto ließ seinen Geist schweifen. Die Welt breitete sich unter ihm als bunt schimmernder Farbteppich aus; gerade so, als flöge er wie ein Raubvogel über den Acker. Doch er hielt nicht nach Mäusen Ausschau.

Überall war Leben. Stark und pulsierend ward es gebunden in so viele Körper. Es leuchtete, strahlte ihm entgegen. Ja, er fand, wonach er suchte: unschuldig, unverbraucht und jung. Er brauchte nur danach zu greifen. Seine Gedanken schlossen sich darum, wie eine Adlerklaue um ihren Fang.

Schon ging seine Reise zurück. Nach einigen Minuten erreichte er seinen eigenen Leib wieder. Dort im Thronsaal am anderen Ende der Erde löste er sich langsam aus seiner Trance.

Seine Hand war geschlossen. Sie verbarg seine Beute, die heiß darin kochte. „Mein König! Ich bin bereit. Gehen wir in die Kammer Eures Sohnes."

„Ihr könnt Marvin retten?"

„Ja, wenn wir uns eilen."

„Das Reich der Toten will dich nicht mehr!", rief Kalisto und strich über die Augen des Prinzen, der vor ihm in dem Bett lag. „Nimm diesen Lebensfunken zurück in deinen Körper. Atme wieder."

Die Hitze entwich seinen Fingern, glitt in die Stirn des jungen Mannes. Schon hob und senkte sich die Brust. Ein Keuchen entfuhr dem Thronfolger.

Marvin erhob sich. Die Verwirrung stand in sein Gesicht geschrieben. Dann reckte und streckte er sich, als erwache er aus einem zu tiefen, langen Schlaf.

„Ihr seid wahrlich ein Meister Eures Faches, Magicus", sagte der König. Für einen Moment schien es, als würden den Herrscher seine Gefühle übermannen. Doch er fasste sich rasch wieder. Ein Diener öffnete ihm die Tür und er ging schweren Schritts zurück in den großen Saal.

Kalisto warf noch einen kurzen Blick auf den Prinzen, der sich ausgiebig die Augen rieb. Dann setzte auch er sich in Bewegung.

„Mein Sohn ist kein guter Krieger", sagte der König. Er lehnte seinen altersschwachen Körper an das mannshohe Zepter. Das vergoldete Holz gab ihm den Halt, den ihm seine Knochen nicht mehr gewährten. „Wie oft habt ihr ihn bereits wiedererweckt?"

Kalisto hob die Schultern. „Wie oft habt Ihr Euren Sohn in die Schlacht entsandt?"

Der König presste die Lippen zusammen. Nur ein schmaler Strich blieb.

„Und wie oft habt Ihr meinen Geist in den vergangenen Jahren zurückgeholt?"

„Ich vermag es nicht zu zählen, Herr."

„Habt Ihr auch den Grafen wiedererweckt?"

Kalisto seufzte. „Ja, Herr. Ihn und etwa zwanzig weitere Herren von Stand und Adel."

Der König runzelte die Stirn. „Zwanzig ... Sie sind alle in der Schlacht gefallen?"

Es oblag Kalisto nicht, das Tun des Hofes zu bewerten. Doch der König hatte nach Auskunft verlangt. „Nicht alle fanden den Weg zum Felde. Der viele Wein trübte wohl ihre Sinne. Vielleicht empfanden sie es aber auch nur als den geringeren Spaß, den Kampf zu suchen. Sie stürzten sich lieber mit ihren Pferden von den Westklippen."

„Ein Spaß, in den sicheren Tod zu reiten ... So weit ist es schon." Der König hustete. „Ihr seid wahrlich ein mächtiger Mann. Ich weiß es zu schätzen, dass Ihr mir und meinem Hofstaat Eure Dienste anbietet."

„Ich bin Euer treuer Diener."

In den alten Büchern steht geschrieben, dass alles auf der Welt in einer Waagschale liegt. Und sein Gegenstück liegt in der anderen. Eine unsichtbare Hand wacht darüber, dass alles in einem Ausgleich bleibt. Glück und Unglück, reich und arm, heiß und kalt ... Leben und Tod. Nichts, das wussten sie alle, wurde geschenkt. Wird etwas gegeben, so muss etwas genommen werden.

Niemand im Euphrasischen Reich fragte Kalisto, woher er die Energie des Lebens holte. Seine Magie wollten sie nicht hinterfragen. Womöglich hätte er ihnen geantwortet. Es mochte sein, so ahnten sie, dass in anderen Ländern – vielleicht im fernen Süden – eine Seele schon vor der Geburt dem Leib entwich.

Aber der Preis des Lebens kann nicht zu hoch sein, wenn man dafür nicht selbst zahlen muss.

Mallorca

Die Nacht wurde wieder mal lang in El Arenal. Wenigstens vertrugen sich heute die Niederländer, Briten und Deutschen miteinander. Der Suff vereinte sie in ihrer Kegelclubromantik. Mit Urlaub oder Erholung hatte dieses Gelage nichts gemein. Es war ein Kampftrinken der reinsten Art.

Karl stand gelassen hinter seiner Theke, beobachtete, wie sein Personal Kölsch, Sangria und Sekt unter die Leute brachte und schätzte die Einnahmen des heutigen Tages.

Vor fünfzehn Jahren war er ausgewandert. Inzwischen kannte er die Gepflogenheiten der Einheimischen, ihre Ablehnung gegenüber den Zuwanderern und ihren verzweifelten Kampf gegen den Tourismus, von dem sie doch gleichzeitig so abhängig waren.

Seine Nachbarn nannten ihn liebevoll Carlos. Er war stolz darauf, dass sie ihn in ihrer Mitte aufgenommen hatten. Ein solches Privileg wurde nicht jedem Ausländer zuteil. Aber er konnte die Bedenken der Mallocesen verstehen.

Tagtäglich landeten die Flieger in Las Palmas, spuckten unzählige kalkblasse Touristen aus, die bestenfalls mit Bussen oder Mietwagen die Straßen verstopften, um die Mandelblüte zu erleben. Dies nannten die Reiseführer „Land und Leute Tour".

Doch für gewöhnlich zogen die Touries an die Strände. Dort bevölkerten sie die Hotelbunker. Bausünden der Achtziger Jahre. Unansehnlich und landschaftsverschandelnd. Am Schlimmsten von allem war El Arenal. Wenn man diesen Moloch wohlwollend betrachten wollte, konnte man es gerade noch als Partyviertel bezeichnen. Doch die Gäste, die sich hier vergnügten, ließen keine Peinlichkeit aus.

Natürlich verdienten die ortsansässigen Gastronomen viel Geld. Dennoch konnte einem die Galle hochgehen, wenn es in den engen Gassen zwischen den Häusern nach Pisse und Erbrochenem stank, wenn die Straßenfeger jeden Morgen Glas und Unrat fegten und wenn die Policía die Leute dutzendweise in die Ausnüchterung brachte.

Karls ganz persönlicher Unmut begann immer dann, wenn die Kölner in Sangeslaune kamen. In ihrer lokalpatriotischen Arroganz stimmten sie die ersten Töne an. Die Engländer grölten heute mit. Das, was ihre Lippen verließ, war unverständlich, aber laut. Die Holländer fielen mit einem „Lalaaallaa" ein und der Chor, der nun infernalisch die rheinische

Kultur in den spanischen Hoheitsraum trug, ließ vermutlich Willi Ostermann im Grabe rotieren.

„Wenn ich so aan ming Heimot denke …"

Karl dachte mal wieder an seine eigene Heimat. Nicht zum ersten Mal trug er sich mit dem Gedanken, seine Koffer zu packen.

„… un sin dä Dom so vür mer ston …"

Auch er war Kölner. Seine Assoziationen zu Nippes, Weidenpesch und Longerich waren allerdings feinsinnigerer Natur.

„… mööch ich tirekt op Heim anschwenke."

Die Briten gaben ihr Bestreben, den Text zu begreifen auf und hielten sich nun auch an ein unartikuliertes „Lalala".

„Ich mööch zo Foß noh Kölle jonn."

Karl begriff es nicht: Warum flogen diese Idioten tausende Kilometer, nur um dann „Das Heimweh nach Köln" zu singen?

Fußnote: „Das Heimweh nach Köln", geschrieben von Willi Ostermann, ist die inoffizielle Hymne der Domstadt. Entfernt sich ein Kölner für mehr als drei Tage weiter als elf Kilometer von der Stadt, sieht er es als seine heilige Pflicht an, mindestens einmal täglich das rheinländische Kulturgut mit einer Gesangseinlage zu verbreiten. Böse Zungen behaupten, dass dies nur wenig mit tatsächlichem Heimweh zu tun hat.

Augenhöhe

Der Wind zerrte an seinen Kleidern. Andre stand in der geöffneten Ladefläche des Fliegers und starrte in die Tiefe. Sein Gesicht brannte im eisigen Feuer der Höhenluft. Neben ihm wartete Jules. „Wenn du alles richtig gemacht hast", schrie er gegen das Tosen an, „kann dir nichts passieren."

Der Ausbilder stand hinter ihnen und klopfte ihnen sacht auf die Schultern. Das Zeichen, dass sie die Sprungzone erreicht hatten. 1200 Meter über dem Grund.

Mit zitternden Knien trat Andre einen letzten Schritt vor. Dort unten, viel zu weit unten, wuselten kleine Autos umher. „Wenn ich alles richtig gemacht habe", wiederholte Andre. Jules hatte bestimmt alles richtig gemacht. Sein Kumpel, der Tausendsassa. Er machte alles. Und er konnte alles.

Eigentlich schimpften sie sich Freunde. Doch beide wussten, dass dem nicht so war. Jules galt als Gewinnertyp, der es verstand, sich mit seinem Mehr an Können, Geld und Ansehen an Andre zu profilieren. Andre eilte ihm in allem nur hinterher. Keine Chance im Bowling, keine Chance im Job oder sonst wo. Jules blieb ihm immer eine Nasenlänge voraus.

Und jetzt hatte sich Andre zum Fallschirmspringen überreden lassen. „Du bist doch kein Hasenfuß", hatte Jules neulich beim Stammtisch gegrölt. Und damit das Gelächter der anderen nicht überhandnahm, hatte Andre zugestimmt.

„Wenn du Schiss hast", rief Jules, „kann ich das verstehen! Bleib hier und ich springe alleine."

Das Flugzeug schwankte, doch Andre wankte nur leicht. Selbstverständlich hatte er Schiss. Aber kneifen ging nun gar nicht. Wenn Jules ohne ihn den Mut aufbrachte, sich dort hinunterzustürzen, hätte er einen Vorsprung, den Andre nie wieder aufholen konnte.

Obwohl: Andre hatte sich einen stillen Triumph gesichert. Den konnte er zwar nicht ausspielen, aber wie ein Zinker hielt er sich dieses geheime „Ass" im Ärmel versteckt, bewahrte es sich als eiserne Reserve. Denn obgleich Jules Andre im Äußeren überlegen war, hatte Andre es geschafft, gestern das Schlafzimmer von dessen Frau zu erobern. Sein

Freund würde nie erfahren, was sie und Andre alles auf seiner Matratze angestellt hatten ...

Bei den Sprungvorbereitungen heute Morgen hatten die beiden ihre nicht vorhandene Freundschaft gepflegt. Sie hatten viel miteinander gelacht, einträchtig die Fallschirme vorbereitet (was für ein Vertrauensbeweis) und – heimlich – aus dem gleichen Flachmann getrunken.

Gleich würden sie gemeinsam aus dem Flugzeug springen und somit ihre Prüfung bestehen. Für Andre geschah diese Sache erstmals auf Augenhöhe.

Denn Jules konnte zwar alles. Aber eines konnte er nicht: Gedanken lesen!

Kurz bevor er sprang, beugte sich Jules an sein Ohr. „Bist du dir sicher?"

Barock

Der Speicher der kleinen Digitalkamera war bis auf das letzte Bisschen voll. Henrike hatte in St. Mariä Himmelfahrt zahlreiche Fotos von dem Altar, dem Chor und den anderen Kunstwerken gemacht. Für ihr Referat hatte sie jetzt genug Material gesammelt.

Jetzt saß sie auf einer kleinen Mauer der angrenzenden Grundstücke, ließ sich von der Sonne bräunen, während sie im kleinen Display die Aufnahmen betrachtete.

Besonders angetan war sie von der Großaufnahme einer Putte. Der kleine Engel, bekleidet mit einem im Wind wehenden Tuch, war ein Teilelement der Kanzel. Seine Flügel strebten scheinbar dem Himmel entgegen, der als plastisches Motiv hinter ihm installiert war.

Was für ein unaufgeklärtes Weltbild die Künstler jener Zeit gehabt haben müssen. Dieser prunkvolle Werbezug für die katholische Kirche konnte der Realität nicht standhalten. Die göttlichen Heerscharen musizierten nicht unter dem Himmelzelt, und Adam trug sicherlich kein vergoldetes Blatt im Schritt. Keine Säulengänge oder Lustgärten warteten hinter dem Entree zum Paradies.

Die Beschaffenheit des Jenseits musste in ihren Augen anders sein.

Henrike stand auf. Zeit, die Heimreise anzutreten und endlich die Arbeit fertigzustellen. Sie war kaum drei Schritte gegangen, da gab es einen lauten Knall. Erschrocken fuhr sie herum. Dort, wo sie eben noch gesessen hatte, funkelte ein undefinierbarer Gegenstand. Das Teil war offenbar aus großer Höhe herabgefallen, denn die Stelle, an der es auf die Mauer aufgeprallt war, zeigte zahlreiche Risse.

Mit einem prüfenden Blick nach oben – dort war nur blauer Himmel – näherte sie sich dem Gegenstand. Verbeult und verbogen lag dort eine etwas zu klein geratene Harfe. Vorsichtig hob Henrike sie auf. Überraschend schwer lag das Instrument in ihrer Hand. Konnte man Harfen aus purem Gold machen?

Ein flatterndes Geräusch kam von oben näher. Ein kleiner Kerl, ausgestattet mit gelb glänzenden Flügelchen, flog an sie heran. Mit der Linken hielt er ein locker um die Hüften gewickeltes Band fest, dass leidlich seine Blöße bedeckte. Die Rechte zerrte ihr die Harfe aus den Fingern. Er warf einen kurzen Blick auf die lädierte Mauer.

Mit einem vergnügten „Ups!“ kommentierte er den entstandenen Schaden und flog alsdann dem Himmel entgegen; ließ Henrike verwundert und ratlos hinter sich zurück.

Nach einer Weile griff Henrike nach ihrem Fotoapparat. Sie rief das Foto der Putte auf. Nachdem sie das Engelswesen eingehend betrachtet hatte, beschloss sie, ihr Weltbild in der nächsten Zeit gründlich zu überdenken.

Groschenroman

Es gibt viele gute Gründe, einen Menschen umzubringen. Und es gibt doppelt so viele schlechte. Diese Thematik habe ich als Autor vermutlich in allen Variationen durchgearbeitet. Der Mord an sich ist nichts Weltbewegendes. Ich denke, dass mit dem entsprechenden Motiv jeder so etwas hinbekommen würde. Doch das Genre der Kriminalliteratur hat ein großes Problem: Es ist alles schon mal da gewesen. Die Suche nach dem innovativen Plot gleicht der christlichen Gralssuche.

Die Hitze des vergangenen Tages flimmerte noch über den Boden des Gartens. Die Gartenstadt im Norden Kölns machte ihrem Namen alle Ehre. Die Longericher Reihenhäuser, die sich in geschlossener Formation wie alte Soldaten aneinander ketteten, wurden optisch nur durch die hohen, blickdichten Hecken und Zäune getrennt.

Gedankenverloren blickte ich auf das kleine Gemüsebeet, das ich heute Morgen angelegt hatte. Meine Hände waren jetzt noch ganz geschwollen von der ungewohnten Arbeit.

„Alles Ihre?"

Die Frage riss mich aus meinen Gedanken. Ich wandte mich vom Fenster ab. Friedrichsen stand vor meinem Bücherregal und fuhr mit dem Zeigefinger über die verschiedenen Titel.

Ich trat neben ihn. „Ja. Die paar auf der linken Seite sind die, die unter meinem eigenen Namen erschienen sind. Die rechts gehören zur ‚Criminalistics'-Reihe."

„Sie schreiben bei ‚Criminalistics'?" Der Kommissar gab sich erstaunt. Doch ich ließ mich nicht täuschen. Meine Tätigkeit als Ghostwriter musste er bereits vor Tagen ermittelt haben. Sonst wäre er nicht hier. Er lächelte unverbindlich. „Die Storys lese ich manchmal."

Das würde mich sehr wundern, dachte ich. Solch seichte Kost konnte dem Mann höchstens ein müdes Lächeln entlocken. Seine Berufswelt bot ihm gewiss ganz andere Schrecken, als die eines Groschenromans.

„Ein anderer Autor und ich schreiben zur Zeit an diesem Projekt", sagte ich.

„Schrieben", verbesserte Friedrichsen. „Er wurde letzte Woche als vermisst gemeldet."

Ich senkte mein Haupt. „Ich habe davon gehört. Denken Sie denn, dass Uli ermordet wurde?“

„Von Mord habe ich nicht gesprochen. Aber diese Möglichkeit muss ich zumindest erwägen. Was können Sie mir über Ihren Kollegen sagen?“

Ich zog eines der Criminalistics-Exemplare aus dem Regal und blätterte die zweite Seite auf. Mein Finger deutete auf das Impressum. Unter den Verlagsangaben waren dort noch einige kurze Autorenangaben vermerkt. „Über Uli weiß ich nicht viel mehr als hier steht. Er wohnt ihn Düsseldorf, ist sechsunddreißig Jahre alt, ledig und betätigt sich hauptberuflich als freier Journalist. Unser Kontakt ist aufs Arbeiten beschränkt. Der Verlag hat uns einander vor drei Jahren vermittelt.“

Friedrichsen nahm mir das Taschenbuch aus der Hand. „Zwei Schriftsteller texten an einer Roman-Reihe. Verliert man da nicht den Überblick?“

„Das ist alles eine Frage der Verständigung“, antwortete ich. „Mit den Jahren bekommt man Übung darin.“

„Das stelle ich mir schwierig vor. Immerhin wohnen Sie und Ihr Co-Autor in verschiedenen Städten. Sie setzen sich bestimmt nicht einmal die Woche zusammen, um gemeinsam in die Tasten zu hauen.“

Bei der Vorstellung konnte ich mir ein kleines Lächeln nicht verkneifen. „Nein“, sagte ich, „wirklich nicht. Ich muss zugeben, dass ich in all der Zeit meinen Kollegen nicht ein Mal zu Gesicht bekommen habe.“

Der Kommissar stellte das Buch zurück an seinen Platz. Dann ging er stumm drei Schritte weiter und betrachtete den an der Wand hängenden, gerahmten Zeitungsartikel. Es war ein Bericht über meine äußerst erfolgreiche Lesung auf der letztjährigen „Lit.Cologne“.

„Wie verständigen Sie sich denn?“

„Per E-Mail. Wir senden uns regelmäßig die erarbeiteten Textfragmente zu und verknüpfen sie dann miteinander.“

Friedrichsen kniff misstrauisch die Augen zusammen. „Seit den letzten drei Jahren arbeiten Sie auf diese Weise? Sie haben dabei keinerlei persönlichen Kontakt?“

Was sollte ich darauf antworten? Natürlich schrieben wir uns viel. Aber das zu erwähnen, wäre jetzt bestimmt nicht sinnvoll.

Ohne Zweifel glaubte sich Friedrichsen auf einer Spur, die ihn zu mir führte. Dieser Mann fahndete nicht nur nach einem möglichen Opfer. Er suchte nach einem Mordmotiv!

„Nein“, log ich, „hatten wir nicht.“

„Wie kommt es dann, dass Sie von seinen Nachbarn gesehen wurden? Sie haben mit ihm seine Wohnung verlassen.“

Daher wehte also der Wind. Jetzt bloß keinen Fehler machen. Entweder wollte er mir mit dieser Frage eine Falle stellen und niemand hatte mich dort tatsächlich gesehen. Oder es hatte mich jemand gesehen und eine Beschreibung meines Äußeren abgegeben. Meine Personalien waren dort keinesfalls bekannt. Ich konnte also mit einem gelassenen Kopfschütteln antworten. „Ich war nie da.“

„Ein alter rostig-roter VW-Käfer wurde an diesem Tag auch in der Nähe seines Hauses gesehen.“ Diese Feststellung war nun schon kniffliger. Es gab nicht mehr viele Autos wie das meine.

Also musste er sich fast sicher sein, dass ich mit Ulis Verschwinden zu tun hatte. Allerdings konnte er mir, ohne dass ein Opfer gefunden wurde, rein gar nichts anhaben.

Als er merkte, dass ich nicht antworten wollte, schritt er zum Fenster. Nun blickte er in meinen kleinen verwilderten Garten. Mit kriminalistischem Spürsinn fiel sein Blick auf das Gemüsebeet. Konnte er jetzt schon erahnen, warum ich mich neuerdings als Gärtner betätigte?

Fast konnte ich die Zahnräder in seinem Schädel rattern hören. Er brauchte nicht mehr viel. Aber ihm fehlte noch das Wichtigste. Das Motiv!

Natürlich hatte ich meinen Kontakt mit Uli gepflegt. Wir schrieben uns viele E-Mails, die nichts mit „Criminalistics“ zu tun hatten. Es fing mit einfachen Geburtstagsgrüßen an und endete lange nicht bei den Problemen und Sorgen, die er hatte. Die Brücke, die uns die Datenkommunikation schlug, nutzen wir für eine ungewöhnliche Freundschaft.

Eines Tages berichtete er mir, dass er die Idee für ein eigenes Buch habe. Damit würde ihm der große Durchbruch gelingen. Ein Kriminalroman geschaffen für die Bestsellerlisten. Ich muss zugeben, dass er nicht nur meine Neugier geweckt hatte. In mir nagte auch der Neid, denn zu meinen eigenen Buchprojekten fehlte mir in der letzten Zeit die nötige Inspiration.

Uli schickte mir eine ausführliche Zusammenfassung seiner Idee. Es war wirklich was vollkommen Neues. Mehr als das: Er breitete die perfekte Geschichte vor mir aus. Das war alles andere als Belletristik. Diese Geschichte war Weltliteratur!

Da wisperte plötzlich eine leise, teuflische Stimme in mir: „Was wäre, wenn du selbst diese Geschichte schreiben würdest?" Nicht nur der nächste ganzseitige Artikel im Stadtanzeiger wäre mir sicher. Ich sah die Verlage bei mir Schlange stehen.

Das Gemüsebeet. Friedrichsen stand noch immer vor dem Fenster. Er fragte sich vermutlich, ob er schon seine Mitarbeiter herbestellen wollte. Wenn er eine Leiche in meinem Garten fände, bräuchte er schlussendlich kein Motiv zu ermitteln.

Ich fragte: „Möchten Sie in den Garten?"

„Gerne", sagte er, „ich möchte mir mal Ihr Gemüse genauer ansehen."

Kaum waren wir draußen angekommen, kniete er sich auch schon in den feuchten Boden und untersuchte das Beet. Mit bloßen Händen würde er hier nichts finden.

Mein Spaten, den ich inzwischen in den Händen hielt, wäre für ihn das richtige Werkzeug gewesen. Aber den brauchte ich gerade selbst. Ich stellte mich hinter Friedrichsen und ich holte mit dem Spaten weit, sehr weit, aus.

Es gibt viele gute Gründe, einen Menschen umzubringen. Und es gibt doppelt so viele schlechte Gründe. Diese Thematik habe ich – wie gesagt – in allen Variationen durch.

Auf einen Toten mehr oder weniger kommt es mir jetzt auch nicht mehr an. Und da ich Kölner bin, ist es mir um Düsseldorfer bislang noch nie schade gewesen.

Wortspiel

Das Berufsleben im Gastgebergewerbe ist anstrengend. Und wenn man sich seinen Weg bis in die oberen Hotelkategorien gebahnt hat, darf man mit Fug und Recht behaupten, dass man es geschafft hat.

Und nun ... stand Albrecht hier mitten auf dem Flur und manövrierte die frisch gewaschenen und gebügelten Hosen von Tür zu Tür. Wie erniedrigend war das denn? Man hatte ihn als Kellner eingestellt – und nicht als „Hosenträger".

Doch das Restaurant war für heute vom Management geschlossen worden. Einmal im Quartal war eine Grundreinigung angesagt. Da hatte die Putzkolonne freie Bahn, um sämtliche Ecken nicht nur einmal, sondern gleich mehrmals zu wienern.

Das Gastronomiepersonal wurde für diese Zeit auf die anderen Arbeitsbereiche aufgeteilt oder dazu genötigt, einen Tag Urlaub zu nehmen. Albrecht hatte seinen Jahresurlaub aber bereits auf Mallorca verlebt. Da war nicht ein Tag Rest. Also musste er in den sauren Apfel beißen und gemeinsam mit den Damen der Reinigung Wäsche ausliefern.

„Na dann viel Spaß mit den Hemden und Röcken", hatte Norbert, sein Kollege, gehöhnt, nachdem man sie zur heutigen Arbeit eingeteilt hatte. „Vielleicht wird ‚Hosenträger' deine neue berufliche Traumkarriere."

Norbert durfte im Parterre bleiben. Der Manager wollte ihm eine spezielle Aufgabe zuweisen. Mit einem breiten Grinsen quittierte er die Aussicht auf eine angemessene Arbeit im Restaurant.

Albrecht kochte vor Wut. Immer wieder geisterte ihm das Wort „Hosenträger" durch den Kopf.

Er kannte die komplette Speisekarte auswendig, wusste sämtliche Tagesgerichte jeder Saison und es war ihm eines der größten Vergnügen mit seinen Gästen das außergewöhnlich große Sortiment des Weinkellers zu diskutieren.

Doch dieses Können durfte er heute nicht ausspielen. Er war degradiert zum Hosenträger. Was für ein peinliches – nein, Pein bereitendes – Wortspiel!

Neben ihm stand Minerva. Das Mädchen aus der Waschküche verstand kaum ein Wort Deutsch. Er schob für sie den vollbeladenen Wäschewagen, während sie die einzelnen Zimmer belieferte. Handtücher, Waschlappen, Blusen und ...

Wieder hallte der Hohn Norberts in seinen Ohren: „Hosenträger".

Endlich hatte die Schmach ein Ende. Nach drei Stunden äußerst stupider Arbeit war der Wagen endlich leer. Minerva hatte sich mit einem beinahe akzentfreien „Danke" und einem verlegenen Knicks bei ihm verabschiedet und war dann mit dem Fahrstuhl abwärts in die sogenannten Katakomben des Gebäudekomplexes verschwunden.

Albrecht ging durch das Personaltreppenhaus hinunter zum Restaurant. Vielleicht gab es ja heute noch etwas zu tun, das mehr seinem Niveau entsprach. In der Wäscherei würde er keinesfalls nach weiterer Arbeit fragen.

Der Rest des Tages endete in einem großen Durcheinander. Es gipfelte darin, dass Albrecht vom Hotelarzt mit einer Spritze ruhiggestellt werden musste. Zuvor hatte Albrecht das halbe Parterre mit seinem hysterischen Lachen zusammengeschrien. Dabei kam ihm immer wieder ein Wort über die Lippen, das allerdings niemand so recht verstehen konnte.

„Ich habe Albrecht noch nie so erlebt", sagte der Hotelarzt später. „Er war immer so pflichtverbunden."

Der Manager stand neben ihm und schloss die Restauranttür ab. „Dass ich einen Mitarbeiter wegen eines Lachanfalls abholen lassen musste, ist mir in meiner gesamten Laufbahn noch nie passiert."

Der Arzt nickte. „Es sah fast aus, als hätte er eine Überdosis Lachgas bekommen."

„Ich glaube beinahe", sagte Norbert, der sich bislang etwas Abseits gehalten hatte, „dass es irgendwie an mir gelegen hat."

Der Manager hob erstaunt eine Augenbraue. „Warum?"

„Ich habe der Putzkolonne heute beim Umräumen geholfen. Als Albrecht zu uns runter kam, haben wir gerade den Flügel poliert."

„Ja, und?"

„Auf dem Flügel steht doch immer unser Beethoven als Deko."

„Der Gipskopf?"

„Ich hielt ihn für die Putzkraft hoch, damit sie wischen konnte. Bevor Albrecht seine Beherrschung verlor, hat er mit dem Finger auf mich gedeutet." Norbert zog den Kopf etwas ein. Es schien ihm ein wenig unangenehm zu sein. „Er nannte mich Büstenhalter."

Gomorra

Zufrieden stellte Bernd fest, dass die Telefonkette funktionierte. Kurz nachdem Valerie das vereinbarte Signal gegeben hatte, klingelte es der Reihe nach an allen Anschlüssen der Reihenhaussiedlung. „Es ist so weit. Sie kommen.“ Mehr gab es nicht zu sagen. Jeder wusste Bescheid.

Bernd schob vorsichtig die Gardine an der Haustür zur Seite und spähte auf die Straße. Müllers, Neumanns und Krauses eilten bereits heran, dicht gefolgt von den Schröders. Das Ehepaar Mander verspätete sich um drei Minuten. Das lag aber noch alles im Zeitplan. Bernd öffnete die Tür.

„Habt ihr euer Zeug dabei?“

Herr Mander hob als Antwort eine prall gefüllte Alditüte, während seine Frau bereits damit begann, sich bis auf die Unterwäsche auszuziehen. Es war nicht unbedingt ein schöner Anblick, doch der Zweck heiligte die Mittel.

Auf der Anrichte platzierte inzwischen Herr Neumann seine extragroße Lavalampe. „Hab' ich extra für diese Gelegenheit gekauft“, verkündete er stolz. Seine Frau dekorierte daneben in einer Obstschale eine farbenfrohe Auswahl Perlnoppen-Vergnügen und eine Dose Vaseline.

Die Krause schob einen Stuhl unter die Wohnzimmerleuchte, stieg auf die Sitzfläche, um dann mit einem durchsichtigen roten Tuch die Lampenschirme zu bedecken.

Manders versprühten ihr mitgebrachtes Parfüm und entzündeten Dutzendweise Räucherstäbchen. Eine Wasserpfeife gluckerte auf dem Esstisch.

Herr Müller machte sich derweil am CD-Spieler zu schaffen. Ihm schien aus unerfindlichen Gründen ein französischer Chanson passend. Langsam und lasziv. D'amour! Bernd zuckte mit den Schultern. Warum nicht?

Nun entledigten sich auch die anderen ihrer Bekleidung. Stringtanga und Spitze gehörten normalerweise nicht zur Kleiderordnung bei den sonstigen Nachbarschaftstreffen, aber heute machten sie eine Ausnahme. Und Bernd stellte zufrieden fest, dass sie – überraschenderweise – Spaß daran hatten.

„Auch die Socken“, riet ihm die Mander.

Natürlich.

Nun drapierten sie sich auf dem Boden. Die Sofakissen und zwei Decken dienten als Unterlage. Sie waren bereit.

Es klingelte. Bernd öffnete die Tür. Er öffnete sie weit. Einladend weit. Auf der Schwelle standen ein Mann und zwei Frauen. Die Linke hielt ein dünnes Heftchen in der Hand. Erwachet!

Der Mann klappte zunächst ein Prospekt auf. Dann klappte sein Mund auf, als sein Blick vorbei an Bernd in das Wohnzimmer fiel.

Bernd lächelte gewinnend. „Sie wollen mit mir über den Herrn sprechen? Ach bitte! Kommen Sie doch rein!"

Es folgte ein ungewöhnlich kurzes Gespräch.

Und Bernd konnte sich sicher sein, dass er und seine Nachbarn künftig in Glaubensfragen unbehelligt bleiben würden.

Afroamerikanische Zuwendungen

Nicole war es zwar inzwischen gewohnt, dass ihre beste Freundin Melanie gerne allgemeingültige Statements als ihre eigene Meinung verteidigte. Aber sie hätte nie gedacht, dass eine Geburtstagsfeier ihrer Kinder für solch eine Diskussion herhalten muss.

Die Mütter saßen am Küchentisch und hielten Kaffeeklatsch, während die Kleinen im Garten tobten. Nicole nippte an ihrer Tasse und fragte ungläubig: „Ich darf also nicht mehr Negerkuss sagen?"

„Also ich kann an dem Wort nichts Schlimmes finden. Meine Mutter hat mir früher immer Negerküsse vom Bäcker mitgebracht", sagte Cornelia.

Melanie rollte nervös mit den Augen. „Es ist mir egal, wie deine Mama die Dinger früher genannt hat. In meiner Wohnung nennst du sie bitte Schokokuss."

„Warum?" Cornelia verschränkte trotzig die Arme. Eine Geste, die man eigentlich nur von ihrer Tochter kannte. „Es ändert nichts an der Sache. Und nur aus Schokolade bestehen sie ja auch gar nicht."

„Was für ein Argument", ereiferte sich Melanie. „Aus frisch gepressten Afroamerikanern bestehen sie ja wohl auch nicht."

„Afroamerikaner?", fragte Nicole. „Du nennst Neger jetzt Afroamerikaner?"

Melanie nickte. „Das ist die richtige Bezeichnung."

„Auch wenn sie aus Afrika stammen?"

„Dann sind es Afrikaner."

Christin protestierte: „Nicht alle Afrikaner sind Schwarze."

„Aber der Begriff Schwarze ist auch diskriminierend", sagte Melanie. Sie stocherte energisch in ihrem Kuchen herum und beobachtete ihre Gäste aus den Augenwinkeln.

„Aber sie sind doch ...", begann Nicole.

„Nicht alle", unterbrach Jasmin und schlug sich somit auf Melanies Seite.

„Brownies", warf Cornelia ein.

Melanie fragte irritiert: „Was ist damit?"

„Man könnte sie Brownies nennen."

„Die Mohrenköpfe oder die nichtschwarzen Afroamerikaner?" Nicole konnte sich ein belustigtes Lächeln nicht verkneifen. Gleichzeitig befürchtete sie, dass es nicht mehr lange dauern konnte, bis ihre Freundin ernsthaft sauer wurde.

Und so war es denn auch. Mit rotem Kopf und wütendem Blick sprang Melanie auf. „Ich will euch mal was sagen! Wenn gleich Zenani von ihrer Mama abgeholt wird, dann wird niemand von Negerküssen oder Mohrenköpfen sprechen."

Hm, dachte Nicole, wir haben den Pfad der Logik verlassen. „Warum sollten wir?"

„Keine Ahnung." Melanie schien den Faden verloren zu haben. „Ich will nur nicht, dass ihr meine Gäste aufgrund ihrer Hautfarbe in irgendeiner Weise diskriminiert."

In diesem Augenblick öffnete sich die Gartentür. Barfuß tapste eine Horde Sechsjähriger in die Küche, angeführt von der kleinen Zenani. „Tante Melanie ..." Unschuldige Augen in einem Gesicht aus einem zarten, hübschen Kastanienbraun blickten Nicoles Schwester an.

„Tante Melanie. Dürfen wir noch ein paar Negerküsse haben? Bitte."

Ein paar Worte danach

Der Streifzug durch meine Welt aus Buchstaben endet hier. Vorbei ist nun mein kleiner Espressionismus mit Teufeln, Aliens und dem Jemand von nebenan.

Espressionismus? Das Wort „Espresso“ leitet sich in der Tat nicht von „Express“ ab. Das lateinische „expressio“ bedeutet nichts anderes als „Ausdruck“. Und da bei meinen Kürzestgeschichten nicht viel Platz für Fäler ist, hoffe ich, dass ich mich jeweils korrekt auszudrücken vermochte.

Ein Buch – und mag es auch noch so dünn sein – ist für mich wie ein Fenster. Auf der einen Seite sitze in diesem Fall ich, schreibe einige Zeilen und nippe an meinem Kaffee. Auf der anderen Seite sitzen hoffentlich Sie, lesen diese Zeilen und gießen vielleicht etwas Milch in Ihre Tasse.

Wir sind durch eine Scheibe getrennt; können uns nicht hören. Und dennoch können Sie mich sehen. Von meinem Schreibtisch aus winke ich Ihnen zu.

Denn so hartnäckig ein Autor es auch zu leugnen versucht: Natürlich bringt er sich selbst in jede Geschichte, jede Zeile, ja sogar jedes Wort mit ein. Aus der Feder fließt nicht nur Tinte, sondern auch ganz viel Herzblut.

Mit den vorausgegangen Geschichten haben Sie mich tatsächlich ein wenig kennengelernt. Ehrlich. Ob ich ein Teufel, Alien oder der Jemand von nebenan bin, das müssen Sie nun selbst entscheiden. Aber eigentlich interessiert das nicht die Bohne. Hauptsache ist, Sie fühlten sich mit EspressoProsa gut unterhalten.

Es ist spät geworden. Zu viel Koffein um diese Uhrzeit ist nicht wirklich gut. Was halten Sie davon, wenn wir lieber zusammen ein gutes Glas Wein oder ein lecker’ Bierchen trinken gehen?

Ihr Markus Walther

Der Autor

Markus Walther, geboren 1972 in Köln, lebt seit 2006 mit seiner Frau und zwei Töchtern in Rösrath. Als ausgebildeter Werbetechniker begeisterte er sich bald für die Schriftgestaltung und machte sich 1998 als Kalligraph selbstständig.

Der Schwerpunkt seiner schriftstellerischen Arbeit liegt in der Gattung der Kurz- und Kürzestgeschichte.

Die Gratwanderung zwischen Klischee und Pointe, Independent und Mainstream führt ihn seither quer durch sämtliche Genres der Bücherwelt.

Mit speziellem Dank an Sophia Schmidt, Daniela Sechtig und das Acabus-Team.

Ein mit Crema und viel Zucker, extra starker, heißer und dampfender Dank an Petra Rudolf.

Markus Walther

Kleine Scheißhausgeschichten
68 kurzweilige Geschichten zum Schmunzeln

Buch-ISBN: 978-3-941404-64-9
BuchVP: 11,90 EUR

156 Seiten
Paperback
14 x 20 cm
ACABUS Verlag, September 2010

„Gehören Sie zu den Leuten, die kaum Zeit zum Lesen finden? Prima, dieses Buch ist wie gemacht für Sie! Lesen Sie es da, wo sich ein jeder die Zeit nehmen muss, etwas still zu sitzen. Sie wissen schon: Da, wo selbst der König zu Fuß hingeht."

Doch nicht nur von Königen handeln Markus Walthers „Kleine Scheißhausgeschichten". Die Figuren der einzelnen Kurzgeschichten könnten unterschiedlicher nicht sein: Da tummelt sich die Zahnfee neben einer sprechenden Raupe und Gevatter Tod spielt Schach. Doch etwas verbindet sie: Ihre Reise währt meistens nur wenige Seiten lang. Microfiction, zu Deutsch Kürzestgeschichten, nennt der Literaturbetrieb diese, noch recht junge Gattung. Doch auch in einer Microgeschichte kann eine philosophische Weisheit, ein ganzes Lebensgefühl oder ein völlig neuer Kosmos stecken – das beweist dieser Sammelband.
Statt der Nadel im Heuhaufen, sucht der Leser hier den Heuhaufen auf der Nadel: Markus Walther liebt die Verkehrung von Klischees und provoziert, indem er den menschlichen Alltag in ein neues Licht schreibt. Oft bewegen sich die Geschichten dabei auf der Grenze zwischen Humor und Tragik, Phantasie und Realität.
Wer gerne gewitzt pointierte Anekdoten liest, wird die Scheißhausgeschichten lieben.